Themen 2

Lehrwerk für
Deutsch als Fremdsprache
Arbeitsbuch Inland

von Hartmut Aufderstraße,
Heiko Bock, Jutta Müller

Projektbegleitung: Hans-Eberhard Piepho

Hueber

Verlagsredaktion: Werner Bönzli
Illustrationen: Joachim Schuster · Baldham
Umschlagillustration: Dieter Bonhorst · München
Fotos: vgl. Quellennachweis
Layout: Erwin Faltermeier · München

CIP-Kurztitelaufnahme der Deutschen Bibliothek

Themen: Lehrwerk für Dt. als Fremdsprache. –
München [i.e. Ismaning] : Hueber
2.
Arbeitsbuch Inland / von Hartmut Aufderstrasse.
Projektbegleitung: Hans-Eberhard Piepho. –
1. Aufl. – 1985.
ISBN 3-19-011372-6
NE: Aufderstrasse, Hartmut [Mitverf.]

1. Auflage

| 4. 3. | Die letzten Ziffern |
| 1990 89 88 87 | bezeichnen Zahl und Jahr des Druckes. |

Alle Drucke dieser Auflage können, da unverändert,
nebeneinander benutzt werden.
© 1985 Max Hueber Verlag · München
Gesamtherstellung: Druckerei Auer · Donauwörth
Printed in Germany

ISBN 3-19-011372-6

Inhalt

Vorwort .... Seite 4

Lektion 1 .... Seite 5

Lektion 2 .... Seite 21

Lektion 3 .... Seite 32

Lektion 4 .... Seite 44

Lektion 5 .... Seite 58

Lektion 6 .... Seite 68

Lektion 7 .... Seite 78

Lektion 8 .... Seite 89

Lektion 9 .... Seite 98

Lektion 10 .... Seite 111

Lösungsschlüssel .... Seite 124

Quellenverzeichnis .... Seite 143

Vorwort

Das Arbeitsbuch zu Themen 2 bietet wiederum zu jeder Lektion einen *Übungsteil* und *zusätzliche Lesetexte*. Das Konzept der Übungen hat sich gegenüber Themen 1 nicht verändert: die zentralen Redemittel jeder Lektion werden einzeln herausgehoben, ihre Bildung und ihr Gebrauch wird systematisch geübt.

Wiederum sind die Übungen unterschieden nach
- Wortschatzübungen (WS)
- Grammatikübungen (GR)
- Bedeutungsübungen (BD)
- Übungen zum schriftlichen Ausdruck (SA)

Außerdem wird jede Übung im Arbeitsbuch dem entsprechenden B-Schritt im Kursbuch zugeordnet. So bedeutet z. B. die Kennzeichnung

B2
WS

daß in dieser Übung der Wortschatz des Lernschritts B2 der Lektion wiederholt wird.

Zu den meisten Übungen gibt es eindeutige Lösungen, die im *Schlüssel im Anhang* des Arbeitsbuches aufgeführt sind, um den Lernern die Möglichkeit zur Selbstkorrektur zu geben. So können zusammen mit dem Kursbuch und einem Glossar versäumte Stunden zu Hause nachgeholt werden. Im Kurs sollten die Übungen vor allem nach Erklärungsphasen und in Stillarbeitsphasen eingesetzt werden.

Das Arbeitsbuch ist nicht als Schreibbuch gedacht. Die Lücken und Linien sollen nur den technischen Ablauf verdeutlichen; für die Lösungen der Übungen wird eigenes Schreibpapier benötigt.

Verfasser und Verlag

Lektion 1

1. Was paßt nicht?

a) blond – schwarz – rot – hübsch

b) dick – groß – sympathisch – schlank

c) dünn – langweilig – ruhig – intelligent

d) schmal – jung – lang – klein

e) nett–sympathisch–langweilig–interessant

f) nervös – schön – dumm – unsympathisch

g) weiß – braun – rot – rund

h) hübsch – attraktiv – schön – lustig

2. Ergänzen Sie.

a)
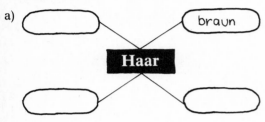
Haar — braun

b)
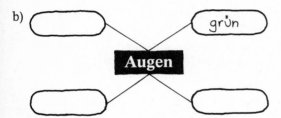
Augen — grün

c)
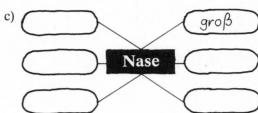
Nase — groß

d)
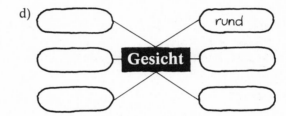
Gesicht — rund

3. Ergänzen Sie.

Person / Charakter — bescheiden

4. Was paßt nicht?

a) Rock: kurz – lang – ~~rund~~ – neu – ~~jung~~

b) Schuhe: blau – dick – hübsch – sympathisch – sportlich

c) Brille: lang – dunkel – rund – weich – alt

d) Beine: lang – groß – kurz – dick – freundlich

e) Kleidung: gemütlich – dezent – blond – häßlich – sportlich

f) Pullover: dick – schlank – blau – dünn – nervös

g) Strümpfe: rot – sympathisch – dünn – jung – dick

Lektion 1

5. Was ist ähnlich?

a) *schlank*
- Ⓐ lang
- Ⓑ dünn
- Ⓒ rund

b) *hübsch*
- Ⓐ schön
- Ⓑ jung
- Ⓒ sympathisch

c) *nett*
- Ⓐ sympathisch
- Ⓑ attraktiv
- Ⓒ lustig

d) *intelligent*
- Ⓐ klug
- Ⓑ dezent
- Ⓒ ruhig

6. Ergänzen Sie. Wie heißt das Gegenteil?

a) alt – _____
b) groß – _____
c) schlank – _____
d) lustig – _____
e) schön – _____

f) unattraktiv – _____
g) ruhig – _____
h) interessant – _____
i) sportlich – _____
j) freundlich – _____

k) dick – _____
l) neu – _____
m) häßlich – _____
n) dumm – _____
o) gemütlich _____

7. Ergänzen Sie.

a) 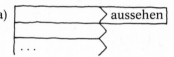 aussehen
. . .

b) sein
. . .

c) 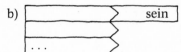 tragen
. . .

8. Ergänzen Sie.

a) Ich _____ Klaus sympathisch.
b) Eva _____ sehr nervös aus.
c) Uta _____ groß und schlank.

d) Karin _____ einen roten Rock.
e) Der rote Rock _____ sie jünger.
f) Brigitte _____ mir gut.

9. Was ist das?

a) die anderen Menschen — *die Leute*
b) eine sehr junge, nicht verheiratete Frau — _____
c) sehr junge Menschen (bis 14 Jahre) — _____
d) Es hat eine Nase, zwei Augen und einen Mund. — _____
e) Sie sind rechts und links von der Nase. — _____
f) Mit ihm ißt man. — _____
g) Sie ist über dem Mund. — _____
h) Mit diesen Personen arbeitet man zusammen. — _____
i) Viele Leute können ohne sie nicht sehen. — _____
j) Man bekommt es von der Post, und es kostet wenig Zeit. — _____
k) Man bekommt es von der Post, und es ist nur ein Stück Papier. — _____
l) Man trägt sie an den Füßen. — _____
m) Es heißt bei der Frau ‚Bluse', beim Mann anders. — _____
n) eine Hose und Jacke mit gleicher Farbe — _____
o) Sie hat zwei Beine, aber sie kann nicht gehen. — _____
p) Man trägt ihn meistens über einem Hemd oder einer Bluse. — _____

10. Welches Wort paßt wo?

> rothaarig sein   kurzhaarig sein   verheiratet sein   meistens   oft   voll   langweilig
> richtig sein   sehr gut aussehen   kennenlernen   nett finden   sympathisch sein   gesund
> lustig sein   dumm   reich sein   Sorgen   selten   sparsam sein   nervös   glauben

a) nicht interessant – _____

b) unruhig – _____

c) nicht intelligent – _____

d) ein Ehepaar sein – _____

e) schön sein – _____

f) rote Haare haben – _____

g) gerne mögen
   (eine Person) – _____

h) meinen – _____

i) wenig Geld
   ausgeben – _____

j) viel Geld haben – _____

k) oft lachen – _____

l) kurze Haare haben – _____

m) nicht selten – _____

n) nicht immer,
   aber sehr oft – _____

o) stimmen – _____

p) Probleme – _____

q) nicht leer – _____

r) nicht oft – _____

s) eine Person zum
   ersten Mal sehen und
   mit ihr sprechen – _____

t) nett sein – _____

u) nicht krank – _____

11. Was ist typisch für . . .?

a)

Robert
Redford

b)

Bud
Spencer

Haare: blond   Die blonden Haare.
Augen: blau   Die _____
Gesicht: schön   _____
Figur: gut   _____

Gesicht: lustig   _____
Arme: stark   _____
Bauch: dick   _____
Appetit: groß   _____

Lektion 1

c)

Klaus
Kinski

d)

Mick
Jagger

Augen: gefährlich _____
Gesicht: schmal _____
Haare: dünn _____
Haut: hell _____

Beine: lang _____
Lippen: dick _____
Bauch: dünn _____
Nase: groß _____

B1/2
GR

12. „Welchen findest du besser?" Schreiben Sie.

a) Pullover (dick/dünn)
   O *Welchen findest du besser, den dicken*
     oder den dünnen Pullover?
   □ *Den dicken.*

Ebenso:
b) Schuhe
   (modern/sportlich)
c) Rock (lang/kurz)
d) Bluse (weiß/blau)

e) Strümpfe
   (braun/schwarz)
f) Kleid (gelb/rot)
g) Jacke (grün/braun)

B1/2
GR

13. Was paßt wozu? Schreiben Sie?

a)

Strümpfe: dick – Schuhe: schwer

Die dicken Strümpfe passen zu den
schweren Schuhen.
_____
_____
_____
_____
_____

Ebenso:

b)

Rock: schwarz – Bluse: weiß

d)

Mantel: dünn – Anzug: hell

c)

Hemd: sportlich – Hose: kurz

e)

Jacke: modern – Kleid: kurz

14. Hartmut hatte Geburtstag. Von wem hat er welche Geschenke? Schreiben Sie.

B1/2
GR

a) Fotoapparat: billig, von Bernd
Den billigen Fotoapparat hat er von Bernd.

Ebenso:
b) Uhr: komisch, von Petra
c) Buch: langweilig, von Udo
d) Pullover: häßlich, von Inge
e) Kuchen: alt, von Carla
f) Schallplatte: kaputt, von Dagmar
g) Hemd: unbequem, von Horst
h) Schuhe: alt, von Rolf
i) Strümpfe: kaputt, von Holger

15. Ihre Grammatik: Ergänzen Sie.

B1/2
GR

	Nominativ	Akkusativ	Dativ
Rock: schwarz	der schwarze Rock	d	
Jacke: modern			
Hemd: neu			
Schuhe: groß			

Lektion 1

B1/2
GR

16. „Wie findest du . . .?" Schreiben Sie.

a) Garten: zu klein
○ _Wie findest du den Garten?_
□ _Ich finde ihn zu klein._

Ebenso:
b) Kinder: süß
c) Küche: praktisch
d) Hund: dumm
e) Gerd: etwas nervös
f) Bad: zu dunkel
g) Wohnzimmer: phantastisch
h) Gerd und Gisela: nett
i) Auto: nicht schlecht
j) Möbel: sehr modern
k) Gisela: sympathisch

B1/2
GR

17. Kennen Sie das Märchen von König Drosselbart? Die schöne Königstochter soll heiraten, aber kein Mann gefällt ihr.

Was sagt sie über die anderen Männer? Schreiben Sie.

Über b)? _Wie häßlich! So ein_
Ebenso: c–h

Brust	Mund	Arme	Beine	Bauch	Nase	Gesicht
lang	dick	kurz	traurig	dünn	groß	schmal

10

18. Beschreiben Sie die Personen.

B1/2
GR

a) Er hat   _einen dicken_ _____ Bauch.
           _____ Beine.
           _____ Füße.
           _____ Haare.
           _____ Brille.
           _____ Gesicht.
           _____ Nase.
           _____ Mund.

b) Sein Bauch ist _dick_ _____
   Seine Beine sind _____
   Seine Füße sind _____
   Seine Haare sind _____
   Seine Brille ist _____
   Sein Gesicht ist _____
   Seine Nase ist _____
   Sein Mund ist _____

c) Sie hat _____ Ohren.
           _____ Haare.
           _____ Nase.
           _____ Mund.
           _____ Beine.
           _____ Gesicht.
           _____ Füße.
           _____ Hals.

d) Ihre Ohren sind _____
   Ihre Haare sind _____
   Ihre Nase ist _____
   Ihr Mund ist _____
   Ihre Beine sind _____
   Ihr Gesicht ist _____
   Ihre Füße sind _____
   Ihr Hals ist _____

19. Ergänzen Sie.

B1/2
GR

a) Er trägt einen schwarz_en_____ Anzug mit einem weiß_____ Hemd.
b) Sie trägt einen blau_____ Rock mit einer gelb_____ Bluse.
c) Er trägt schwer_____ Schuhe mit dick_____ Strümpfen.
d) Sie trägt einen dunkl_____ Rock mit einem rot_____ Pullover.
e) Sie trägt ein weiß_____ Kleid mit einer blau_____ Jacke.
f) Er trägt eine braun_____ Hose mit braun_____ Schuhen.

Lektion 1

20. Ihre Grammatik: Ergänzen Sie.

	Nominativ	Akkusativ	Dativ
Bluse: grau	eine graue Bluse	eine	
Kleid: neu			
Mantel: alt			
Augen: grün			

21. Schreiben Sie Anzeigen.

a) Frau (jung) → Mann (attraktiv) mit Figur
   (sportlich), Augen (braun), Haaren (schwarz)

b) Mann (jung) →Freundin (nett) mit Kopf
   (intelligent), Gesicht (hübsch), Haare (rot)

> Junge Frau sucht attraktiven Mann
> mit sportlicher Figur, braunen Augen
> und schwarzen Haaren.
> Zuschriften unter 753928 an die WAZ.

Ebenso:

c) Mann (nett) → Mädchen (hübsch) mit Haaren (lang), Augen (blau)
d) Frau (sympathisch) → Mann (ruhig) mit Charakter (gut)
e) Mädchen (attraktiv) → Freund (reich) mit Armen (stark), Auto (schnell)
f) Herr (ruhig) → Lehrerin (freundlich) mit Kopf (intelligent) und Figur (gut)
g) Mann (jung) → Mädchen (jung) mit Augen (lustig) und Ideen (verrückt)

Ihre Grammatik: Ergänzen Sie.

	Nominativ	Akkusativ	Dativ
Mann: jung	junger Mann	j	
Kleidung: sportlich			
Auto: schnell			
Frauen: reich			

22. Schreiben Sie Dialoge.

a) Bluse: weiß, blau

○ _Du suchst doch eine Bluse. Wie findest du die da?_
□ _Welche meinst du?_
○ _Die weiße._
□ _Die gefällt mir nicht._
○ _Was für eine möchtest du denn?_
□ _Eine blaue._

Ebenso:

b) Hose: braun, schwarz
c) Kleid: kurz, lang
d) Rock: rot, gelb
e) Schuhe: rot, blau

23. Was paßt zusammen?

A	Gefällt Ihnen Eva gut?
B	Wie finden Sie Klaus?
C	Hat Klaus eine nette Frau?
D	Was trägt Karin?
E	Wie sieht deine Freundin aus?
F	Was für Augen hat Uta?
G	Welches Kleid trägst du heute abend?
H	Wie kann ich Sie am Bahnhof erkennen?
I	Ist Klaus schwarzhaarig?

1	Das weiße.
2	Ich finde ihn langweilig.
3	Ich glaube, sie sind braun.
4	Ja, sie ist sehr nett.
5	Nein, er ist blond.
6	Er ist sehr sympathisch.
7	Mir gefällt sie nicht.
8	Ich trage einen braunen Anzug.
9	Grüne.
10	Sie ist groß und schlank.
11	Ein blaues Kleid.

A	B	C	D	E	F	G	H	I
4,7								

24. Was können Sie auch sagen?

a) *Eva trägt gern sportliche Kleidung.*
  A Eva ist sportlich.
  B Eva mag sportliche Kleidung.
  C Eva treibt gern Sport.

b) *Dann ist ja alles klar.*
  A Das verstehe ich gut.
  B Das ist ja einfach.
  C Dann gibt es ja keine Probleme mehr.

c) *Findest du Bruno nett?*
  A Magst du Bruno?
  B Ist Bruno schön?
  C Ist Bruno attraktiv?

d) *Peter und Susanne sind verheiratet.*
  A Peter und Susanne haben Kinder.
  B Peter und Susanne sind ein Ehepaar.
  C Peter und Susanne wohnen zu-
    sammen.

e) *Das finde ich gut.*
  A Das schmeckt mir nicht.
  B Das gefällt mir.
  C Das ist gemütlich.

f) *Bernd ist schwarzhaarig.*
  A Bernd hat schwarze Haare.
  B Bernd sieht schwarz aus.
  C Bernd trägt schwarz.

g) *Udo sieht sehr gut aus.*
  A Udo kann gut sehen.
  B Udo ist sehr attraktiv.
  C Udo ist sehr nett.

h) *Jochen ist langhaarig.*
  A Jochen ist lang und haarig.
  B Jochen hat viele Haare.
  C Jochen hat lange Haare.

Lektion 1

B1/2
SA

25. Schreiben Sie einen Brief.

Sie haben eine(n) Brieffreund(in) in Berlin. Sie besuchen ihn (sie) und kommen mit dem Flugzeug. Er (Sie) soll Sie am Flughafen abholen, aber hat Sie noch nie gesehen. Schreiben Sie, wann Sie ankommen und wie Sie aussehen.

..., den ...

Liebe (r) ...

B3
WS

26. Ergänzen Sie.

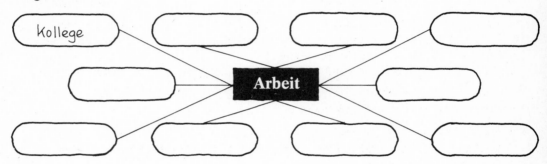

Kollege

Arbeit

B3
WS

27. Welches Wort paßt?

ärgern	normal	kritisieren	verrückt	pünktlich	kündigen	Frisur	verlangen
wirklich	Fehler	angenehm	arbeitslos	Arbeitgeber	Arbeitsamt	zufrieden
				Stelle		

a) Jemand hat keine Stelle. Er (Sie) ist _____.

b) Der Chef einer Firma ist der _____.

c) Jemand will nicht mehr in seiner Firma arbeiten. Dann muß er (sie) _____

d) Sie hat keine Arbeit. Sie sucht eine _____.

e) Hans ist arbeitslos. Er bekommt Geld vom _____.

f) Heinz hat selbst gekündigt. Ich glaube, das war ein _____.

g) Das macht jeder. Das ist ganz _____.

h) Vorher hatte Karin lange Haare. Jetzt hat sie eine kurze _____.

i) Klaus kommt nie zu spät. Er ist immer _____.

j) Eine Irokesenfrisur, das ist doch nicht normal, das ist _____.

k) Heinz war ein guter Angestellter. Sein Arbeitgeber war mit ihm _____

l) Heinz hat nicht recht. Er kann vom Arbeitsamt kein Geld _____

14

m) Junge Leute wollen anders leben. Man soll sie nicht immer _____.
n) Du sagst, Heinz will keine Stelle. Das stimmt nicht. Er will _____ arbeiten.
o) Heinz hat gekündigt, denn seine Kollegen haben ihn immer _____.
p) Die neue Kollegin ist ruhig, nett und freundlich. Sie ist wirklich _____.

28. Ergänzen Sie ‚welch-?' und ‚dies-'.

a) ○ _Welcher_ _____ Rock ist teurer? ☐ _Dieser_ _____ rote hier.
   ○ _____ Hose ist teurer? ☐ _____ braune hier.
   ○ _____ Kleid ist teurer? ☐ _____ gelbe hier.
   ○ _____ Strümpfe sind teurer? ☐ _____ blauen hier.

b) ○ _____ Anzug nimmst du? ☐ _____ schwarzen hier.
   ○ _____ Bluse nimmst du? ☐ _____ weiße hier.
   ○ _____ Hemd nimmst du? ☐ _____ blaue hier.
   ○ _____ Schuhe nimmst du? ☐ _____ braunen hier.

c) ○ Zu _____ Rock paßt die Bluse? ☐ Zu _____ roten hier.
   ○ Zu _____ Hose paßt das Hemd? ☐ Zu _____ weißen hier.
   ○ Zu _____ Kleid paßt der Mantel? ☐ Zu _____ braunen hier.
   ○ Zu _____ Schuhen paßt die Hose? ☐ Zu _____ schwarzen hier.

B3
GR

29. ‚Jeder', ‚alle', ‚manche'? Ergänzen Sie.

a) ○ Wie finden Sie die Entscheidung des Arbeitsamtes?
   ☐ Richtig! _____ Punks sind doch gleich! Die wollen doch nicht arbeiten.
      Das weiß doch jeder.
   ○ Aber _____ suchen doch Arbeit. Heinz Kuhlmann zum Beispiel.
   ☐ Das glaube ich nicht.
b) ○ Finden Sie _____ Punk unsympathisch?
   ☐ Nein. Eigentlich finde ich _____ Leute nett, auch Punks. Nur _____ mag ich
      nicht.
c) ○ Hat das Arbeitsamt recht?
   ☐ Nein, das Arbeitsamt muß _____ Arbeitslosen die gleichen Chancen geben, auch
      _____ arbeitslosen Punk.
d) ○ Gefallen Ihnen Punks?
   ☐ Ich finde sie eigentlich ganz lustig, aber nicht _____ sind gleich. Viele tragen tolle
      Kleidung, nur _____ finde ich häßlich.

B3
GR

30. Ihre Grammatik: Ergänzen Sie. Vergleichen Sie den definiten Artikel mit den anderen Artikelwörtern.

B3
GR

	mask. Singular		fem. Singular		neutr. Singular		Plural		
Nominativ	der	_jeder_	die	_jede_	das	_jedes_	die	_alle_	_manche_
Akkusativ	den		die		das		die		
Dativ	dem		der		dem		den		

Lektion 1

31. Was können Sie auch sagen?

a) *Das finde ich auch.*
   Ⓐ Das ist gut.
   Ⓑ Das gefällt mir auch.
   Ⓒ Das meine ich auch.

b) *Das macht doch nichts.*
   Ⓐ Das ist doch egal.
   Ⓑ Das macht man nicht.
   Ⓒ Das ist doch kein Problem.

c) *Das ist falsch.*
   Ⓐ Das ist nicht wahr.
   Ⓑ Das ist nicht richtig.
   Ⓒ Das weiß ich nicht.

d) *Da haben Sie recht.*
   Ⓐ Da bin ich Ihrer Meinung.
   Ⓑ Da haben Sie eine Chance.
   Ⓒ Das finde ich auch.

e) *Das stimmt, aber . . .*
   Ⓐ Sicher, aber . . .
   Ⓑ Nein, aber . . .
   Ⓒ Richtig, aber . . .

f) *Das stimmt.*
   Ⓐ Einverstanden.
   Ⓑ Das ist richtig.
   Ⓒ Meinetwegen.

g) *Das glaube ich nicht.*
   Ⓐ Das sieht nicht gut aus.
   Ⓑ Da bin ich anderer Meinung.
   Ⓒ Da bin ich sicher.

h) *Sind Sie sicher?*
   Ⓐ Sind Sie richtig?
   Ⓑ Haben Sie recht?
   Ⓒ Wissen Sie das genau?

i) *Meinetwegen.*
   Ⓐ Das weiß ich genau.
   Ⓑ Das können Sie mir glauben.
   Ⓒ Das ist mir egal.

j) *Da bin ich anderer Meinung.*
   Ⓐ Das weiß ich genau.
   Ⓑ Das ist mir egal.
   Ⓒ Das glaube ich nicht.

32. Was paßt wo?

> Da bin ich anderer Meinung.   Sicher, aber . . .   Das stimmt.   Das glaube ich auch.
> Richtig, aber . . .   Das ist falsch.   Das stimmt nicht.   Das ist
> auch meine Meinung.   Das ist wahr, aber . . .   Das ist Unsinn.   Das glaube ich nicht.
> Da hast du recht.   Das finde ich auch.   Da hast du recht, aber . . .
> Das finde ich nicht.   Das ist richtig.   Das meine ich auch.

+	−	+/−

NUMEROLOGIE
– EIN SPIEL FÜR LANGE WINTERABENDE

Wollen Sie mehr über sich selbst wissen? Über Ihren Lebensweg – oder über Ihren Partner? Spielen Sie mit Zahlen, nach uralten Regeln. Es ist nicht so kompliziert, wie es auf den ersten Blick vielleicht aussieht.

Den meisten Menschen sind bestimmte Zahlen sympathisch, andere unsympathisch. Für viele ist die 13 eine „böse" Zahl – in manchen Hotels steht neben Zimmer 12 gleich Zimmer 14. Auf dem internationalen Flughafen Genf-Cointrin haben die Uhren eine 24-Stunden-Einteilung, aber zwischen 12 und 14 steht nicht 13, sondern 12a! Natürlich kann man nicht beweisen, daß die 13 Unglück bringt, aber viele glauben doch daran. Daneben gibt es die „böse 7" (aber viele glauben, daß die 7 ihre Glückszahl ist), und manche Leute haben ihre eigene, ganz private Glücks- oder Unglückszahl.

Dieser Glaube an die Bedeutung von Zahlen ist uralt. Manche dieser Bedeutungen gibt es schon seit Tausenden von Jahren, sie gehen zurück auf die Babylonier und Assyrer. Auch unser Spiel, die Numerologie, gibt es schon sehr lange. Es ist eine Übertragung aus der Kabbala. Das war eine Art „Geheimwissenschaft": Jedem Buchstaben des hebräischen Alphabets wurde eine Zahl zugeordnet, und jede Zahl hatte eine bestimmte Bedeutung. Die Kabbalisten nahmen das sehr ernst, für sie war es eine Wissenschaft. Wir betrachten es eher als ein Spiel – ein lustiges Spiel für lange Winterabende.

DIE SPIELREGELN DER NUMEROLOGIE

● Jeder Buchstabe entspricht einer Zahl zwischen 1 und 8. In der Tabelle ist die Zahl für jeden Buchstaben angegeben.

● Setzen Sie an die Stelle der Buchstaben die Zahlen, addieren Sie sie und nehmen Sie die Quersumme (s. Beispiel!).

● Die Buchstaben ä, ö und ü schreiben Sie als ae, oe und ue.

● Die 10 gilt als 1+0 = 1.

● Die Zahlen 11 und 22 gelten als „Meister-Zahlen", sie haben besondere Eigenschaften. Deshalb bleiben sie stehen, wir nehmen von ihnen also nicht die Quersumme.

Für die *Namenszahl* nimmt man den Vornamen und den Famliennamen. Titel läßt man weg, auch einen zweiten Vornamen rechnen Sie nur dann mit, wenn Sie ihn auch wirklich benutzen.

So werden die Buchstaben zu Zahlen							
1	2	3	4	5	6	7	8
A	B	C	D	E	U	O	F
I	K	G	M	H	V	Z	P
Q	R	L	T	N	W		
J		S			X		
Y							

Beispiel:
SYBILLE GREILING
3121335 32513153
3+1+2+1+3+3+5 = 18
3+2+5+1+1+5+3 = 23
18: 1+8 = 9
23: 2+3 = 5
      9+5 = 14
         1+4 = **5**

DAS BEDEUTET IHRE NAMENSZAHL

1 Sie sind ehrgeizig und selbstsicher, vielleicht auch egoistisch und kalt. Sie können sich gut konzentrieren.

2 Sie sind gewissenhaft, bescheiden und intelligent. Sie brauchen sehr viel Liebe.

3 Sie sind ein fröhlicher, geselliger Mensch, künstlerisch sehr begabt, ein richtiger Glückspilz!

4 Sie können hart und genau arbeiten. Sie sagen wenig. Man kann sich auf Sie verlassen.

5 Sie mögen die Abwechslung, den Wechsel, das Neue und Unbekannte. Sie finden leicht Kontakt mit anderen Menschen und reisen besonders gern.

6 Sie haben sehr viel Sinn für Schönheit und Harmonie. Sie sind ein Idealist, aber vielleicht sind Sie etwas zu konservativ.

7 Sie denken gern, Sie sind ihrer Natur nach ein Philosoph oder ein Wissenschaftler. Sie sollten aber etwas öfter lachen.

8 Sie sind ein praktischer Mensch, und was sie wollen, das bekommen Sie auch. Sie sind nicht sehr geduldig, Sie warten nicht gern.

9 Sie denken wenig an sich selbst, Ihre Aufgaben sind Ihnen wichtiger. Manchmal sind Sie zu leichtgläubig.

11 Ihre Persönlichkeit gleicht der 9, aber Sie sind stärker und möchten andere führen. Manchmal sind Sie nervös oder ungeduldig.

22 Die Zahl des Meisters: In Ihnen sind alle guten Eigenschaften der Zahlen 1 bis 9. Wenn nicht: nehmen Sie die Quersumme aus 22 = 4!

Neu in der Firma –
und schon gibt es Schwierigkeiten

**Jeder Anfang ist schwer. Das gilt besonders
für den Beruf. Aber wer sich ein bißchen klug verhält,
kann viele Probleme schnell lösen**

Neu am Arbeitsplatz – das kann Probleme geben. Probleme mit Chefs und Kollegen, Probleme mit den neuen Aufgaben oder mit dem Arbeitsrhythmus der neuen Stelle. In einem kleinen Büchlein, das der Nürnberger Diplom-Psychologe Jochen Chema unter dem Titel „Stellenwechsel" herausgebracht hat, gibt dieser Fachmann Tips darüber, wie Sie sich am besten verhalten, wenn es an Ihrem neuen Arbeitsplatz Schwierigkeiten gibt, und vor allem, wie Sie solche Schwierigkeiten schon gleich am Anfang vermeiden können.

Es ist zum Beispiel möglich, daß Sie gleich am Anfang das Gefühl haben, Ihre neuen Kolleginnen und Kollegen mögen Sie nicht und finden Sie unsympathisch. Vielleicht sieht man Sie komisch an, vielleicht lacht jemand in dem Moment, in dem Sie einen Büroraum betreten, oder Sie finden, daß die anderen Mitarbeiter Sie absichtlich nicht über alles informieren, was Sie – Ihrer Meinung nach – wissen müßten. Auch wenn Sie ganz sicher sind, daß es so ist: Prüfen Sie auf jeden Fall zuerst einmal sich selbst, suchen Sie den Grund für solche Gefühle nicht sofort bei den Kollegen. Hatten Sie nicht schon ein ungutes Gefühl über den neuen Job, bevor Sie überhaupt mit der Arbeit angefangen haben? Haben Sie vielleicht schon vorher gedacht: „Die neuen Kollegen werden mich bestimmt nicht mögen, weil ich sofort eine so gute Stelle bei der Firma bekommen habe" oder „Bei dieser Firma habe ich es bestimmt schwer, von den Kolleginnen und Kollegen akzeptiert zu werden, weil ich noch nie in dieser Branche gearbeitet habe"? Wer so denkt, ist meistens unsicher und glaubt deshalb schnell, daß die anderen Mitarbeiter gegen ihn sind, auch wenn dies in Wirklichkeit gar nicht so ist.

Unsicherheit ist ein Problem, mit dem die meisten Neuen in einer Firma kämpfen müssen. Sie können aber etwas tun, damit daraus nicht größere Schwierigkeiten entstehen. Vor allem müssen Sie selbst genau wissen, was Sie können und was Sie nicht können. Sagen Sie nie – nicht zu sich selber, und schon gar nicht zu anderen – daß Sie die und die Fähigkeit haben, obwohl Sie sie in Wirklichkeit gar nicht besitzen. Behaupten Sie zum Beispiel nicht, Sie könnten Schreibmaschine schreiben, wenn Sie gerade erst einen Anfängerkurs gemacht haben. Versuchen Sie nicht, sich selber und Ihren Mitarbeitern einzureden, daß Sie mit einer für Sie neuen Maschine arbeiten können, wenn Sie in Wirklichkeit nur die Bedienungsanleitung einmal durchgelesen haben. Viele Menschen sind unsicher, weil sie nicht ehrlich sind und eigentlich weniger können, als sie in Gesprächen mit Kollegen gesagt haben.

Wenn Sie an Ihrem neuen Arbeitsplatz etwas nicht verstehen oder wenn Ihnen eine Arbeit zu schwer ist, dann sagen Sie es sofort. Bitten Sie einfach um Hilfe; das ist ganz natürlich, und Ihre Kollegen werden Ihnen bestimmt helfen. Auch wenn Ihnen etwas nicht gefällt, ist es besser, wenn Sie es sofort sagen; später ist es vielleicht schwieriger und führt leichter zu Ärger mit den Kolleginnen und Kollegen.

Alle Menschen haben Fehler und Schwächen, auch Sie. Wenn Sie diese Fehler bei sich selber und bei den anderen akzeptieren, dann werden Sie auch weniger Angst haben, daß die anderen Sie und Ihre kleinen Fehler nicht akzeptieren könnten. Aber seien Sie auch nicht zu bescheiden. Spielen Sie nie das Dummchen („Das verstehe ich nicht, ich bin wohl ein bißchen dumm") – Sie werden damit Ihren neuen Kollegen nicht sympathischer. Sie bekommen nur ein schlechtes Image, man nimmt Sie nicht mehr ernst.

Fragen Sie, wenn Sie etwas nicht verstehen, das ist Ihr gutes Recht, und man erwartet es von Ihnen. Aber fragen Sie bitte nicht alle fünf Minuten, sonst stören Sie Ihre Kolleginnen und Kollegen zu sehr bei der Arbeit. Am besten ist es, Sie sammeln Ihre Fragen. Schreiben Sie sie auf und diskutieren Sie sie dann später in Ruhe mit einer Kollegin oder einem Kollegen. So stören Sie keinen, und außerdem wirken Sie sicher und gut organisiert. Die anderen merken dann, daß Sie genau wissen, was Sie wollen.

Niemand in der neuen Firma verlangt, daß Sie von der ersten Minute an Höchstleistungen bringen. Versuchen Sie also am Anfang nicht, mehr zu leisten, als Sie wirklich können. Sie machen sich sonst nur nervös und werden dann unsicher. Wenn Sie zum Beispiel in einem Dienstgespräch mit Kollegen nichts zum Thema sagen können, weil Sie die Zusammenhänge noch nicht kennen, dann schweigen Sie lieber. Aber sehen Sie immer der Person in die Augen, die gerade spricht. Dann merken die Kollegen nämlich, daß Sie das Gespräch interessant finden und versuchen, so schnell wie möglich zu verstehen, worum es geht.

Werden Sie auch nicht gleich unruhig, wenn eine Kollegin oder ein Kollege Sie wirklich unsympathisch findet. Das ist schließlich ganz normal: nicht alle Menschen passen zusammen. Schlimm ist es natürlich, wenn ausgerechnet jemand Sie nicht mag, mit dem Sie jeden Tag zusammenarbeiten müssen. Dann ist es wohl am besten, wenn Sie ganz offen über das Problem reden und der Kollegin oder dem Kollegen klarmachen, daß es für beide besser ist, wenn man höflich und möglichst ohne Konflikte miteinander arbeitet. Aber sprechen Sie über solche Schwierigkeiten immer nur „unter vier Augen", nie, wenn andere Kollegen mithören können. Wenn ein solches Gespräch nicht hilft, dann sollten Sie ein gemeinsames Gespräch mit dem Chef vorschlagen.

Fünf Frisuren für langes Haar

Haben Sie lange Haare? Dann können Sie jeden Tag anders aussehen. Es ist nur nicht so schwierig: diese fünf Frisuren können Sie zu Hause selbst machen. Vielleicht klappt es nicht beim ersten Mal, aber mit etwas Übung schaffen Sie es bestimmt.

Kommt nie aus der Mode und ist unproblematisch: Pony und Pferdeschwanz.

Wenn Sie's etwas wilder mögen: Drehen Sie das nasse Haar auf große Lockenwickler und warten Sie, bis es trocken wird. Dann über den Kopf ausbürsten und mit den Händen in Form bringen.

Für diese sehr jugendliche Frisur nehmen Sie ein paar Haarsträhnen und stecken sie oben fest. Die übrigen Haare rollen Sie am Hinterkopf ein.

Eine romantische Frisur für festliche Stunden: Auf der rechten Seite flechten Sie die Haare zu einem hoch angesetzten Zopf, legen diesen über den Kopf nach hinten und machen ihn am Hinterkopf mit Haarspangen fest.

Diese Frisur ist immer richtig: Legen Sie die Haare auf den Seiten und hinten mit dem Fön und einer runden Bürste nach innen. Benutzen Sie eine Fön-Lotion, dann hält die Frisur länger!

Lektion 2

1. Ergänzen Sie.

( ) — ( ) — ( ) — ( )

( ) → **Schule** ← ( )

(Klasse) — ( ) — ( ) — ( )

2. Ergänzen Sie.

( )   ( )

(anstrengend) → **Arbeit / Beruf Wie?** — ( )

( )   ( )   ( )

3. Was paßt wo?

| selbständig | Unfall | Antwort | Ausland | gefährlich | anstrengend | selbst |
| Tier | wechseln | tragen | Angst | zufrieden | | |

a) ○ Ist der große Hund _____?
   □ Nein, du mußt keine _____ haben.

b) ○ Kannst du oft ins _____ fahren?
   □ Nein, mein Chef fährt immer _____.

c) ○ Warum haben Sie Ihre Stelle _____?
   □ Ich hatte einen _____ und konnte die schwere Arbeit nicht mehr machen.

d) ○ Bist du mit deiner Stelle _____?
   □ Ja, ich verdiene gut und kann _____ arbeiten.

e) ○ Ist deine Arbeit sehr _____?
   □ Ja, ich bin Möbelpacker und muß immer schwere Möbel _____.

f) ○ Wie viele _____ gibt es hier im Zoo?
   □ Da weiß ich leider auch keine _____.

4. Was paßt?

| niemand | unzufrieden | anfangen | früher | manchmal | schmutzig |

a) kein Mensch – _____
b) nicht immer – _____
c) vor vielen Jahren – _____

a) unsauber – _____
b) beginnen – _____
c) nicht zufrieden – _____

21

Lektion 2

B1/2
WS

5. Was paßt?

| Klasse | Sprache | Angst | Schüler | studieren | Freizeit | besuchen | Schule |

a) Morgen bekommt Manfred sein Zeugnis. Er kann nicht schlafen, weil er _____ hat.
b) Herbert geht zur Schule. Er ist _____.
c) Inge ist Dolmetscherin. Sie spricht sechs _____.
d) Kann man an der Hamburger Universität Geographie _____?
e) Angela ist fünf Jahre alt. Nächstes Jahr muß sie zur _____ gehen.
f) Muß jedes Kind die Grundschule _____?
g) 48 Schüler – das ist eine große _____.
h) Herr Bauer arbeitet sehr viel. Er hat nur wenig _____.

B1/2
GR

6. Schreiben Sie.

a) Stefan kann nicht Elektriker werden, weil... (keine Lehrstelle finden)

    weil er keine Lehrstelle _____ findet.
    weil er keine Lehrstelle finden _____ kann.
    weil er keine Lehrstelle gefunden _____ hat.

Ebenso:
b) Michael kann nicht studieren, weil... (nur die Hauptschule besuchen)
c) Ruth kann ihre Stelle nicht wechseln, weil... (keine neue bekommen)
d) Uwe hat seine Stelle verloren, weil... (nicht selbständig arbeiten)
e) Kurt ist nicht zufrieden, weil... (nur wenig Geld verdienen)

Ihre Grammatik: Ergänzen Sie.

		Inversionssign.	Subjekt	Verb	Subjekt	unbetonte obligator. Ergänzung	Angabe	obligatorische Ergänzung	Verb
a	weil		Stefan	kann			nicht	Elektriker	werden,
b									
c									
d									

22

7. Sie können es auch anders sagen.

so	oder	so

a) Thomas möchte nicht mehr zur Schule
gehen, denn er hat keine Lust mehr.

Thomas möchte nicht mehr zur Schule gehen,
weil er keine Lust mehr hat.

b) Jens findet seine Stelle nicht gut, weil er
zu wenig Freizeit hat.

Jens findet seine Stelle nicht gut,
denn ...

c) Herr Köster kann nächste Woche nicht arbeiten, denn er hatte gestern einen Unfall.

d) Manfred soll noch ein Jahr zur Schule gehen, denn er hat keine Stelle gefunden.

e) Christophs neue Stelle ist besser, weil er jetzt selbständiger arbeiten kann.

f) Kerstin kann nicht studieren, denn sie hat nur die Hauptschule besucht.

g) Andrea möchte kein Abitur machen, weil Studenten auch nur schwer eine Stelle finden.

h) Cornelia hat doch noch das Abitur gemacht, denn sie konnte keine Lehrstelle finden.

i) Simon mag seinen Beruf nicht, weil er eigentlich Automechaniker werden wollte.

j) Herr Bender möchte einen anderen Beruf, denn er hat nur wenig Zeit für seine Familie.

8. Sie können es auch anders sagen. Schreiben Sie.

so	oder	so

a) Manfred will nicht mehr zur Schule
gehen. Trotzdem soll er den Realschulabschluß machen.

Manfred soll den Realschulabschluß machen,
obwohl er nicht mehr zur Schule gehen
will.

b) Andrea will kein Abitur machen,
obwohl sie keine Lehrstelle findet.

Andrea findet keine Lehrstelle.
Trotzdem ...

c) Frau Arndt muß samstags arbeiten. Trotzdem findet sie ihre Arbeit schön.

d) Jens will Englisch lernen, obwohl er schon Französisch und Spanisch kann.

e) Eva soll Lehrerin werden. Trotzdem ist sie Krankenschwester geworden.

f) Frau Herbart kann bei einer anderen Stelle mehr Geld verdienen. Trotzdem möchte sie ihren
Arbeitsplatz nicht wechseln.

g) Christine findet keine Stelle als Sekretärin, obwohl sie zwei Sprachen spricht.

h) Bernhard hat das Abitur gemacht. Trotzdem möchte er lieber einen Beruf lernen.

i) Doris möchte keinen anderen Beruf, obwohl sie sehr schlechte Arbeitszeiten hat.

j) Max hatte eigentlich keine Lust. Trotzdem mußte er Automechaniker werden.

9. Bilden Sie Sätze.

a) Kurt – eine andere Stelle suchen – weil – mehr Geld verdienen wollen
Kurt sucht eine andere Stelle, weil er mehr Geld verdienen will.
Weil Kurt mehr Geld verdienen will, sucht er eine andere Stelle.
Ebenso:

b) Herr Bauer – unzufrieden sein – weil – anstrengende Arbeit haben

c) Eva – zufrieden sein – obwohl – wenig Freizeit haben

d) Hans – nicht studieren können – wenn – schlechtes Zeugnis bekommen

e) Herbert – arbeitslos sein – weil – Unfall haben (hatte)

f) Ich – die Stelle nehmen – wenn – nicht nachts arbeiten müssen

Lektion 2

B1/2
GR

10. Geben Sie einen Rat.

Wolfgang hat gerade seinen Realschulabschluß gemacht. Er weiß noch nicht, was er
jetzt machen soll. Geben Sie ihm einen Rat.

a) Bankkaufmann werden – jetzt schnell eine Lehrstelle suchen

Wenn du Bankkaufmann werden willst, dann mußt du jetzt schnell eine Stelle suchen.
dann such jetzt schnell eine Stelle.

Ebenso:

b) studieren – aufs Gymnasium gehen
c) sofort Geld verdienen – die Stellenanzeigen in der Zeitung lesen
d) nicht mehr zur Schule gehen – einen Beruf lernen
e) keine Lehrstelle finden – weiter zur Schule gehen
f) später zur Fachhochschule gehen – jetzt zur Fachoberschule gehen
g) einen Beruf lernen – die Leute beim Arbeitsamt fragen

B1/2
BD

11. ‚Wenn‘, ‚weil‘ oder ‚obwohl‘? Ergänzen Sie.

Helga ist Sekretärin. Abends geht sie noch
zur Schule. Sie lernt Englisch und Französisch.

○ Willst du deine Stelle wechseln, _____ du mit der Schule fertig bist?

□ Ich glaube ja, _____ ich jetzt ganz gut verdiene.

○ Und was machst du, _____ du keine findest?

□ Ach, das ist nicht so schwer, _____ ich jetzt zwei Sprachen kann.

○ Hat eine Sekretärin wirklich bessere Berufschancen, _____ sie Englisch und Französisch kann?

□ Ich bin nicht sicher, _____ ich ja noch nicht gesucht habe. Aber ich bin auch nicht
traurig, _____ ich keine andere Stelle finde.

○ Es ist dir egal, _____ du nichts Besseres findest, _____ du zwei Jahre die
Abendschule besucht hast?

□ Warum? Es ist doch immer gut, _____ man Sprachen kann.

24

12. Was können Sie auch sagen?

a) *Ich bin oft im Ausland.*
   - Ⓐ Ich bin wenig zu Hause.
   - Ⓑ Ich reise viel in andere Länder.
   - Ⓒ Ich spreche viele Sprachen.

b) *Der Arbeitgeber verlangt von mir ein gutes Zeugnis.*
   - Ⓐ Ich kann die Stelle nur bekommen, wenn ich ein gutes Zeugnis habe.
   - Ⓑ Der Arbeitgeber gibt mir ein gutes Zeugnis.
   - Ⓒ Ich muß ein großes Zeugnis haben.

c) *Gaby möchte eine andere Stelle.*
   - Ⓐ Gaby findet ihre Stelle anstrengend.
   - Ⓑ Gaby findet eine bessere Stelle.
   - Ⓒ Gaby sucht eine neue Stelle.

d) *Ich spreche drei Sprachen.*
   - Ⓐ Ich kenne drei Sprachen.
   - Ⓑ Ich kann drei Sprachen.
   - Ⓒ Ich verstehe drei Sprachen.

e) *Ralf ist um 5 Uhr mit der Arbeit fertig.*
   - Ⓐ Ralf ist um 5 Uhr kaputt.
   - Ⓑ Ralf arbeitet bis 5 Uhr.
   - Ⓒ Ralf arbeitet 5 Stunden. Dann ist er fertig.

f) *Ich wollte eigentlich Lehrerin werden.*
   - Ⓐ Ich wollte Lehrerin werden, aber jetzt habe ich einen anderen Beruf.
   - Ⓑ Ich bin gerne Lehrerin.
   - Ⓒ Ich wollte selbst Lehrerin werden.

g) *Diese Arbeit muß ich selbst machen.*
   - Ⓐ Ich muß selbständig arbeiten.
   - Ⓑ Diese Arbeit kann ich nur machen.
   - Ⓒ Diese Arbeit kann niemand machen.

h) *Kurt möchte seine Stelle wechseln.*
   - Ⓐ Kurt hat keine Stelle.
   - Ⓑ Kurt möchte einen anderen Beruf lernen.
   - Ⓒ Kurt möchte eine andere Stelle haben.

13. Schreiben Sie eine kleine Zusammenfassung für den Text auf S. 28 im Kursbuch.

Andrea ist . . . und möchte . . .
Sie sucht . . .
35 Bewerbungen . . .
Trotzdem . . ., weil . . .

Aber sie . . ., denn . . .
Andrea möchte noch . . .
Wenn sie . . ., dann . . .

16 Jahre, Krankenschwester
Lehrstelle
schreiben
keine Lehrstelle, Zeugnis
nicht gut genug
nicht studieren wollen, keinen Zweck
sechs Monate warten
nichts finden, zur Schule gehen

14. Schreiben Sie.

a) ○ Welches Datum haben wir heute?
   - ☐ (12. Mai)
     Heute ist der zwölfte Mai.
   - ☐ (28. Februar)
     _____
   - ☐ (1. April)
     _____
   - ☐ (3. August)
     _____

b) ○ Ist heute der fünfte September?
   - ☐ (3. September)
     Nein, wir haben erst den dritten.
   - ☐ (4. September)
   - ☐ _____
   - ☐ (7. September)
   - ☐ _____
   - ☐ (8. September)
   - ☐ _____

Lektion 2

c) ○ Wann sind Sie geboren?
    □ (7. April 1962)
    Am siebten April 1962.
    □ (Sie?)

    □ (Ihr Vater?)

    □ (Ihre Mutter?)

d) ○ Wann war Carola in Spanien?
    □ (4. August–10. September)
    Vom vierten August bis zum zehnten September
    (23. Januar–15. März)
    □
    (14. Februar–1. Juli)
    □
    (7. April–2. Mai)
    □

B3
GR

15. Wo steht das Subjekt? Ergänzen Sie.

a) Armin hat viel Freizeit. Trotzdem ___—___ ist _er_ unzufrieden.
b) Brigitte verdient gut. Aber _sie_ ist ___—___ unzufrieden.
Ebenso:
c) Dieter lernt sehr viel. Trotzdem _____ hat _____ ein schlechtes Zeugnis.
d) Inge spricht sehr gut Englisch. Denn _____ war _____ 2 Jahre in Birmingham.
e) Waltraud mag Tiere. Deshalb _____ will _____ Tierärztin werden.
f) Klaus will Politiker werden. Dann _____ ist _____ oft im Fernsehen.
g) Renate ist in der zwölften Klasse. Also _____ macht _____ nächstes Jahr Abitur.
h) Paul hat einen anstrengenden Beruf. Aber _____ verdient _____ viel Geld.
i) Petra geht doch weiter zur Schule. Denn _____ hat _____ keine Lehrstelle gefunden.
j) Simon hat gestern sein Zeugnis bekommen. Aber _____ ist _____ nicht sehr gut.
k) Utas Vater ist Lehrer. Deshalb _____ wird _____ auch Lehrerin.
l) Klaus hat morgen Geburtstag. Dann _____ ist _____ 21 Jahre alt.

B3
BD

16. ‚Doch' hat verschiedene Bedeutungen.

a) Warum willst du deine Stelle wechseln? Du verdienst *doch* sehr gut.
(Jemand sagt oder tut etwas, was man nicht versteht oder falsch findet.)
b) Geh *doch* noch ein Jahr zur Schule und mach den Realschulabschluß.
Warten Sie *doch* noch fünf Minuten! *(starker Wunsch oder höfliche Bitte)*
c) Nach zwei Monaten hat sie *doch* noch eine Lehrstelle gefunden.
(Etwas ist passiert, was man nicht erwartet hat.)
d) Rolf ist *doch* Automechaniker. Wie findet er den Beruf?
(Mit dem Wort ‚doch' sagt man einem Gesprächspartner: „Ich habe eine Information über eine Person oder Sache, und ich bin sicher, du hast sie auch. Diese Information ist wichtig für meine Frage oder Bitte".)
Welche Bedeutung (a, b, c oder d) hat ‚doch' in den folgenden Sätzen?

	1	2	3	4	5	6	7	8	9	10	11	12
a												
b												
c												
d												

1. Du kannst doch Französisch. Was heißt ‚Auto' auf französisch?
2. Du möchtest Automechaniker werden? Aber deine Eltern wollen das doch nicht.
   Du sollst doch Bürokaufmann werden.
3. Jens wollte eigentlich sofort Geld verdienen, aber dann hat er doch einen Beruf gelernt.
4. Komm doch morgen! Dann habe ich mehr Zeit.
5. Du willst den Mann als Babysitter? Das geht doch nicht, das kann der doch nicht.
6. Studier doch nicht! Lern doch lieber einen Beruf!
7. Du suchst doch eine neue Stelle. Hast du schon eine?
8. Den blauen Rock und die grüne Bluse willst du nehmen? Das paßt doch nicht. Das sieht
   doch häßlich aus.
9. Jürgen ist doch nicht lange arbeitslos gewesen. Er hat doch noch eine Stelle gefunden.
10. Wir wollten gestern mit Petra und Wolfgang ins Kino gehen. Doch sie konnten nicht
    kommen, weil ihr Auto kaputt war.
11. Du gehst doch einkaufen. Bring mir bitte Zigaretten mit!
12. Bleib doch bei deiner alten Stelle! Das ist bestimmt besser.

17. In Fragesätzen hat ‚denn' zwei wichtige Bedeutungen.

B3
BD

a) O Punks wollen nicht arbeiten.
   □ Wie können Sie das *denn* wissen? Kennen Sie *denn* welche?
   (Vorwurf: Jemand tut oder sagt etwas, was man nicht gut findet.)

b) O Ist das *denn* ein sicherer Arbeitsplatz?
   □ Ich glaube ja.
   (Man möchte die Antwort sehr gerne wissen. Höfliche Frage.)

Welche Bedeutung (a oder b) hat ‚denn' in den folgenden Sätzen?

	1	2	3	4	5	6
a						
b						

1. O Hör mal. Da ist ein junger Mann arbeitslos und bekommt kein Geld vom Arbeitsamt.
   □ Warum das denn? Jeder Arbeitslose bekommt doch Geld.
2. O Warum hast du denn gekündigt? Das war bestimmt ein Fehler.
   □ Das ist doch meine Sache.
3. O Warum hast du denn nicht angerufen? Ich habe sehr lange gewartet.
   □ Tut mir leid, aber ich hatte keine Zeit.
4. O Wie sind denn die Angebote?
   □ Na ja, es geht.
5. O Ich möchte Elektriker werden.
   □ Hast du denn schon eine Lehrstelle?
6. O Sind Sie denn immer noch nicht fertig?
   □ Nein, leider noch nicht. Ich muß noch eine andere Arbeit machen.

Lektion 2

B3
BD

18. Was paßt wo?

| Sonst | Trotzdem | Denn | Aber | Dann | Deshalb |

a) Klaus ist sehr unfreundlich. _____ hat er wenig Freunde.

b) Du mußt zuerst das Abitur machen. _____ kannst du nicht studieren.

c) Manfred soll noch weiter zur Schule gehen. _____ er hat keine Lust.

d) Gabi kann sehr schnell laufen. _____ hat sie Note 1 in Sport.

e) Als Lehrer hat man viel Freizeit. _____ ist der Beruf sehr anstrengend.

f) Wenn man nachts arbeitet, _____ muß man am Tag schlafen.

g) Ich kann die Stelle nicht nehmen, _____ ich habe kein Auto, und der Bus braucht für die Fahrt zwei Stunden.

h) Meine Kollegin ist nicht sehr fleißig. _____ muß ich die meiste Arbeit selbst machen.

i) Such dir lieber einen sicheren Arbeitsplatz. _____ bist du nächstes Jahr wieder arbeitslos.

j) Du hast morgen eine Prüfung. _____ geh lieber früh ins Bett.

k) Zuerst mußt du einen Beruf lernen. _____ kannst du immer noch studieren.

l) Heinz Kuhlmann will doch bestimmt gar nicht arbeiten. Ich glaube, das sagt er nur. _____ bekommt er doch kein Geld vom Arbeitsamt.

m) Jürgen muß morgens lange zur Arbeit fahren. _____ muß er immer früh aufstehen.

n) Frau Cordes braucht unbedingt eine Arbeit. _____ hat sie gekündigt.

o) Schüler in der Bundesrepublik müssen das Abitur machen. _____ können sie nicht studieren.

p) Udo ist jetzt schon sechs Jahre bei seiner Firma. _____ er darf trotzdem nicht selbständig arbeiten.

B3
BD

19. Was paßt zusammen?

A	Ich heiße Bauer.	1	Ja, ich bekomme ein ausgezeichnetes Gehalt.
B	Hast du einen sicheren Arbeitsplatz?	2	Ich finde ihn nicht besonders nett.
C	Wie hast du die neue Stelle gefunden?	3	Und wie ist Ihr Vorname?
D	Wie ist dein Chef?	4	Ja, ich bin selten vor 20 Uhr zu Hause.
E	Bekommst du die Stelle bei Karcher?	5	Oh ja, die Firma ist sehr gesund.
F	Fährst du mit dem Auto zur Arbeit?	6	Ich glaube ja; sie suchen dringend eine Sekretärin.
G	Verdienst du gut?	7	Nein, ich gehe zu Fuß. Der Weg ist nicht so weit.
H	Mußt du lange arbeiten?	8	Ich habe eine Anzeige in der Zeitung gelesen.

A	B	C	D	E	F	G	H

20. Schreiben Sie einen Dialog.

Hast du das deinem Chef denn schon mal gesagt?

Und was machst du? Nimmst du die Stelle?

Die Arbeit ist mir zu langweilig. Nie darf ich selbständig arbeiten.

~~Sag mal Petra, du willst kündigen? Warum das denn?~~

Ja, ein sehr interessantes Angebot bei einer Elektrofirma. Ich kann dort selbständig arbeiten und verdiene auch ganz gut.

Hast du denn schon eine neue Stelle?

Das ist doch nicht schlimm. Ich muß auch immer um 6 Uhr aufstehen.

Ich weiß noch nicht, denn die Firma liegt in Offenbach. Ich muß ziemlich weit fahren, also morgens sehr früh aufstehen.

Nein, das hat doch keinen Zweck. Der macht lieber alles allein. Ich darf immer nur Briefe schreiben.

○ _Sag mal Petra, du willst kündigen? Warum das denn?_ _____

□ _____

○ _____

□ ....

Halis und Antonio auf dem Arbeitsamt

Ausländer sind nicht alle gleich. Es gibt, wie bei Deutschen auch, welche mit guten und welche mit schlechten Berufschancen. Beatrix Didzoleit beschreibt die Situation von zwei jungen Ausländern. Beide suchen Arbeit oder einen Ausbildungsplatz, beide haben aber unterschiedlichen Erfolg.

9 Uhr auf dem Arbeitsamt. Antonio sitzt auf einer Bank vor einem Büro und wartet. Er ist nicht zum ersten Mal hier, er muß nicht nach dem Weg fragen, er kennt die Beamten. Eine Arbeitserlaubnis hat er schon und ein gutes Zeugnis auch. Jetzt sucht er einen Ausbildungsplatz. Seine Chancen sind nicht schlechter als die Chancen deutscher Jungen und Mädchen in seinem Alter.

Antonio, 20 Jahre alt, Portugiese mit ausgezeichneten Deutschkenntnissen ist kein typischer Fall. Er hat das Abitur gemacht und hatte auf der Schule keine großen Probleme. Antonio weiß, daß es ihm besser geht als den meisten anderen Ausländerkindern.

Er wohnt in einer schönen Wohnung und hat sogar ein Auto. Noch hat er keinen Ausbildungsplatz, aber er kann warten. Mit Abitur findet er irgendwann bestimmt den richtigen.

Halis, ein junger Türke, sitzt neben Antonio auf der Bank. Seine Zukunft sieht schlechter aus. Er ist in der Türkei geboren, hat aber nur sechs Jahre dort gelebt. Die Türkei kennt er nicht mehr gut, und türkisch sprechen kann er auch nicht mehr richtig. Die Bundesrepublik ist keine neue Heimat für ihn geworden. Sein Deutsch ist nicht besonders gut. Der Unterricht auf der Schule war nur auf deutsch, obwohl Halis nur sehr wenig deutsch konnte. Er hat deshalb sehr wenig gelernt und den Hauptschulabschluß nicht bekommen. Deshalb findet er bestimmt auch keine Lehrstelle. Doch arbeiten will er unbedingt. Die Arbeit ist ihm egal, nur eine feste Stelle mit 40 Stunden pro Woche möchte er. Eine Arbeitserlaubnis hat Halis auch noch nicht. Die bekommt er erst, wenn er eine Stelle hat. Antonio hat seine schon lange. Er hat damals mit dem Beamten gesprochen, und der hat sie so-

fort gegeben. Halis kann das nicht, denn sein Deutsch ist nicht gut genug.

Antonio ist mit zwei Jahren in die Bundesrepublik gekommen, hat im Kindergarten, auf der Straße und in der Schule immer deutsch gesprochen, nur zu Hause portugiesisch. Deshalb kann er heute zwei Sprachen perfekt. Auch Antonios Eltern hatten viel Kontakt mit Deutschen, wohnten in einer deutschen Wohngegend in einer schönen 3-Zimmer-Wohnung mit Bad und Toilette. Sein Vater hatte eine sichere Stelle bei der Post und deutsche Freunde und Bekannte. Heute leben Antonios Eltern wieder in Portugal. Ihnen geht es ganz gut, denn der Vater hat jetzt sein eigenes Taxigeschäft. Antonio und seine Schwester, 25 Jahre alt und mit einem Deutschen verheiratet, sind allein in der Bundesrepublik geblieben.

Halis' Familie wohnt in einer Gegend, in der es sehr viele Türken gibt. Alle haben wenig Kontakt zu Deutschen und deshalb sehr wenig deutsche Freunde und Bekannte. Die Familien wohnen in einer türkischen Welt in der Bundesrepublik Deutschland. Für Halis' Vater waren eine gute Schulausbildung und gute deutsche Sprachkenntnisse nicht sehr wichtig. Denn die Familie wollte eigentlich nach ein paar Jahren wieder zurück in die Türkei, und dort braucht man Deutsch nicht. Jetzt ist die Familie immer noch hier, denn in der Türkei gibt es immer noch zu wenig Arbeit. Aber auch in der Bundesrepublik ist das Leben für Halis nicht leicht. Das Arbeitsamt hat manchmal kleinere Jobs für ein paar Tage, doch wirklich helfen können die Beamten wenig.

Antonio wartet nicht auf ein Angebot des Arbeitsamtes, sondern studiert die Stellenanzeigen in der Zeitung und sucht selbst eine Lehrstelle. Heute hat ihm der Beamte die Adresse einer Baufirma gegeben. Seine Chancen sind gut, denn die Firma macht auch Geschäfte in Brasilien und braucht Leute, die portugiesisch und deutsch perfekt sprechen können. Halis hat wieder nichts gefunden, aber er hofft immer noch. Die Bundesrepublik ist so reich, denkt er, da muß es doch auch einen Platz für mich geben.

In unserer Februar-Ausgabe haben wir Ausbildungsberufe von A bis E vorgestellt, im April-Heft folgt dann der dritte Teil über Berufe mit den Anfangsbuchstaben M bis Z. Natürlich gibt es noch viel mehr Berufe. Gehen Sie unbedingt auch zum Arbeitsamt und lassen Sie sich dort beraten.

Ausbildungsberufe (Teil 2)

Beruf	Vorbildung	Ausbildungsmöglichkeiten	Dauer der Ausbildung in Jahren	Anforderungen	Entwicklung in den letzten Jahren (Zahl der Arbeitsplätze)	Anteil von Frauen	Es gibt zu wenig Bewerber	Es gibt zu wenig Ausbildungsplätze	Es gibt zu wenig Arbeitsplätze	Viele Konkurrenten mit besserer Vorbildung	Weiterbildungs- und Aufstiegsmöglichkeiten zum/zur
Filmkopienfertiger/in	▪	▪	3	Präzision	▪	▪					Cutter/in
Fremdsprachenkorrespondent/in	▪	▪	1 – 3	Mindestens 2 Fremdsprachen, Steno, kaufmännische Grundkenntnisse	▪	▪				○	Fremdsprachen-Sekretär/in, Dolmetscher/in, Übersetzer/in
Friseur/Friseuse	▪	▪	3	Sorgfalt, gesunde Beine	▪	▪	○				Maskenbildner/in
Gärtner/in	▪	▪	3	Biologisches, technisches und kaufmännisches Verständnis	▪	▪					Gartenbau-/Agrartechniker/in
Gas- und Wasserinstallateur/in	▪	▪	3½	Technisches Verständnis, Teamarbeit	▪	▪	○				Heizungs-, Lüftungs-, Sanitärtechniker/in
Grafik-Design-Assistent/in	▪	▪	3	Form- und Farbgefühl, Phantasie	▪	▪		○		○	Designer/in
Hauswirtschafter/in	▪	▪	3	Organisations- und Improvisationstalent, Kontaktfähigkeit	▪	▪					Städt. bzw. ländl. Hauswirtschaftsleiter/in, Landfrauenberaterin
Heilerziehungspflegehelfer/in	▪	▪	2	Pädagogisch-psychologisches Geschick, medizinisch-pflegerische Sorgfalt	▪	▪		○			Heilerziehungspfleger/in, Arbeitserzieher/in, Heilpädagoge/Heilpädagogin
Informationselektroniker/in	▪	▪	+ 1½	Sorgfalt, Präzision, Selbständigkeit	▪	▪				○	Staatlich geprüfte/r Techniker/in EDV
Kaufmännische Berufe	▪	▪	3	Kontaktfähigkeit, Organisationstalent, Sprach- und Schriftgewandtheit	▪	▪				○	Handelsfachwirt/in, Wirtschaftl. Assistent/in, Fachschulkaufmann/-frau, Betriebswirt/in
Kfz-Mechaniker/in	▪	▪	3	Praktische und theoretische Fähigkeiten, Teamarbeit	▪	▪				○	Berufskraftfahrer/in, Fahrzeugbautechniker/in
Krankenpflegerhelfer/in	▪	▪	1	Umsicht, Sorgfalt, Kontaktfähigkeit	▪	▪			○		Krankenschwester, Krankenpfleger, Hebamme, Altenpfleger/in
Laborant/in	▪	▪	2 – 3½	Wissenschaftliches, praktisches Arbeiten, Beobachtungsgabe	▪	▪				○	Bio-, Physik-, Umweltschutz-Chemotechniker/in
Logopäde, Logopädin	▪	▪	3	Pädagogisch-psychologisches Geschick	▪	▪			○	○	Logopäde/Logopädin mit eigener Praxis

Zeichenerklärung: Vorbildung: ▪ *Hauptschulabschluß* ▪ *mittlere Reife o. ä.* ▪ *Praktikum*

Ausbildungsmöglichkeiten: ▪ *Industrie* ▪ *Handel* ▪ *Handwerk* ▪ *Fachschule* ▪ *Landwirtschaft*

Anteil der Frauen: ▪ *Frauen sind nicht zugelassen* ▪ *unter 5 Prozent* ▪ *bis 20 Prozent* ▪ *um 50 Prozent* ▪ *fast 100 Prozent*

Lektion 3

1. Welches Wort paßt?

Nudeln	Hunger	Gewürze
Pfund	Menü	
kochen	fett	Rezepte
Rezepte	braten	Nudeln

18.00 Uhr Diätclub

Jeden Mittag ein _____ mit Suppe, Fleisch, _____ und Obst. Wie gefällt Ihnen das? Wir zeigen Ihnen gesunde _____ für Ihre Diät. Unser Tip: Wenn Sie klug kochen, können Sie gut essen und haben nie _____. Trotzdem können Sie pro Woche zwei oder drei _____ leichter werden. Fleisch muß man nicht immer _____, man kann es auch in Salzwasser _____, dann ist es nicht so _____. Auch _____ müssen nicht dick machen. Wir zeigen Ihnen auch dazu _____. Wichtig ist: Essen Sie weniger Salz; es gibt noch viele andere _____.

2. Bringen Sie die Wörter in eine Reihenfolge.

manchmal	sehr oft	~~nie~~
fast nie	meistens	
oft	selten	~~immer~~

immer _____
_____
_____
_____
_____
_____
nie _____

3. Was paßt? Ergänzen Sie.

a) Ich sehe jeden Tag fern. – Ich sehe _____ fern. (immer, regelmäßig, zwei Stunden, gern, manchmal)

b) Fernsehen interessiert mich nicht. – Ich sehe _____ fern. (meistens, nie, schlecht, oft, selten)

c) Ich sehe nur fern, wenn es einen guten Krimi gibt. – Ich sehe _____ fern. (fast immer, manchmal, gewöhnlich, meistens, selten)

d) Ich habe wenig Freizeit. – Ich kann _____ fernsehen. (gewöhnlich, oft, nicht oft, meistens, selten)

e) Ich ärgere mich meistens über das Programm. – Ich ärgere mich _____ über das Programm. (jeden Tag, sehr oft, manchmal, fast immer, selten)

f) Ich habe keinen Fernseher. Wenn ich mich für einen Film interessiere, gehe ich zu Freunden. – Ich sehe _____ fern. (oft, fast immer, manchmal, selten, regelmäßig)

4. Ergänzen Sie.

B1
GR

a) ○ Kommt ihr bitte? Wir müssen gehen.
  □ Eine halbe Stunde noch, bitte, der Film fängt gleich an. _Wir_ freuen _uns_ doch immer so _auf_ Lassie.

b) ○ Warum macht ihr nicht den Fernseher aus? Interessiert _____ _____ denn wirklich _____ Gesundheitsmagazin?
  □ Oh ja. Das ist immer sehr interessant.

c) ○ Du, ärgere _____ doch nicht _____ Film!
  □ Ach, _____ habe _____ so _____ Krimi gefreut, und jetzt ist er so schlecht.

d) ○ Warum sind Klaus und Jochen denn nicht gekommen?
  □ Sie sehen den Ski-Weltcup im Fernsehen. Ihr wißt doch, _____ interessieren _____ sehr _____ Ski-Sport.

e) ○ Was macht Marianne?
  □ Sie sieht das Auslandsjournal. _____ interessiert _____ doch _____ Politik.

f) ○ Will dein Mann nicht mitkommen?
  □ Nein, er möchte unbedingt fernsehen. _____ freut _____ schon seit gestern _____ Film.

g) ○ Siehst du jeden Tag die Tagesschau?
  □ Natürlich, man muß _____ doch _____ Politik interessieren.

5. Ihre Grammatik: Ergänzen Sie.

B1
GR

ich	du	Sie	er	sie	es	man	wir	ihr	sie
mich									

6. Ihre Grammatik: Ergänzen Sie.

B1
GR

		der Film	die Sendung	das Programm
Ich interessiere	mich für	den Film		
Ich ärgere	mich über	d		
Ich freue	mich auf/ über			

7. Ihre Grammatik: Ergänzen Sie.

B1
GR

a) Bettina interessiert sich sehr für Sport.
b) Darüber haben wir uns noch nie geärgert.
c) Worauf freust du dich am meisten?
d) Besonders freue ich mich auf Kinofilme.

	Inversions-signal	Subjekt	Verb	Subjekt	unbet. obl. Ergänzung	Angabe	obligator. Ergänzung	Verb
a								
b								
c								
d								

Lektion 3

B1
BD

8. Was können Sie auch sagen?

a) *In dieser Sendung fehlt der Pfeffer.*
   - Ⓐ Diese Sendung ist langweilig.
   - Ⓑ Diese Sendung hat kein Gewürz.
   - Ⓒ Diese Sendung schmeckt nicht.

b) *Die Nachrichten muß ich immer sehen.*
   - Ⓐ Ich interessiere mich sehr für Politik im Fernsehen.
   - Ⓑ Es gibt jeden Tag Nachrichten.
   - Ⓒ Ohne Nachrichten fehlt mir etwas.

c) *Der Moderator regt mich auf.*
   - Ⓐ Ich ärgere mich über den Moderator.
   - Ⓑ Ich finde den Moderator dumm und langweilig.
   - Ⓒ Der Moderator ärgert sich über mich.

d) *Diesen Film kenne ich schon.*
   - Ⓐ Über diesen Film weiß ich etwas.
   - Ⓑ Ich habe den Film schon gesehen.
   - Ⓒ Dieser Film ist bekannt.

e) *Das Programm dauert heute bis 23.45 Uhr.*
   - Ⓐ Das Programm hört heute um 23.45 Uhr auf.
   - Ⓑ Die Sendungen sind heute um 23.45 Uhr zu Ende.
   - Ⓒ Der Fernseher hört heute um 23.45 Uhr auf.

f) *Wollen wir fernsehen?*
   - Ⓐ Wollen wir den Fernseher anmachen?
   - Ⓑ Wollen wir den Fernsehapparat ansehen?
   - Ⓒ Magst du meinen Fernseher?

B1
BD

9. Schreiben Sie einen Dialog.

Ich glaube, du willst mich ärgern. Die Nachrichten sehe ich nur manchmal und Sport auch nicht oft.

~~Was gibt es heute eigentlich im Fernsehen?~~

Na und? Ist es vielleicht ein Fehler, wenn sich ein Mann für Politik interessiert?

Das stimmt nicht! Sport siehst du fast immer und die Nachrichten auch meistens.

Jetzt ärgere dich doch nicht! Ich freue mich doch auch auf den Bogart-Film.

Ich glaube einen Film mit Humphrey Bogart.

Den muß ich unbedingt sehen!

Wirklich? Ich habe gedacht, du magst nur Sport und Politik.

○ _Was gibt es heute eigentlich im Fernsehen?_ _____

□ _____

○ _____

□ . . .

10. Ergänzen Sie.

sich setzen   verboten   sich ausruhen   angeblich   ganz   Boden   gewöhnlich
unterschreiben   verbieten   beantragen   stören   laufen   stehen

a) Die Geschäftsleute sind _____ gegen die Straßenmusik, aber ich glaube das nicht.

b) Es gibt zu wenig Stühle in der Fußgängerzone. Wo soll man _____ denn _____,
wenn man _____ _____ möchte.

c) Hier können Sie nicht einfach Musik machen. Das müssen Sie im Rathaus _____.

d) Ich würde mich ja auf den _____ setzen, aber der ist hier so schmutzig.

e) Nur 5 Zigaretten am Tag ist doch Unsinn. Dann sollte man besser _____ aufhören.

f) Gabriela spielt _____ zwei Stunden pro Tag, selten länger.

g) Mich _____ die Straßenmusikanten nicht. Ich mag immer Musik.

h) Warum soll ich denn den langen Weg _____, wenn ich auch den Bus nehmen kann?

i) Meine Füße tun weh. Ich mußte den ganzen Tag im Geschäft an der Kasse _____.

j) Der Vertrag ist fertig. Sie müssen nur noch _____.

k) Laute Musik ist in der Fußgängerzone _____.

l) Wenn Straßenmusik verboten ist, dann sollte man aber auch die Musik in den Geschäften
_____.

11. Sie ist nie zufrieden.

a) Sie macht jedes Jahr 8 Wochen Urlaub, aber *sie würde gern noch mehr Urlaub machen.*

b) Sie hat zwei Autos, aber *sie hätte gern...* _____

c) Sie ist schlank, aber *sie wäre gern...* _____

Ebenso:

d) Sie sieht jeden Tag vier Stunden fern, aber . . .

e) Sie verdient sehr gut, aber . . .

f) Sie hat drei Hunde, aber . . .

g) Sie schläft jeden Tag zehn Stunden, aber . . .

h) Sie sieht sehr gut aus, aber . . .

i) Sie spricht vier Sprachen, aber . . .

j) Sie hat viele Kleider, aber . . .

k) Sie kennt viele Leute, aber . . .

l) Sie fährt oft Ski, aber . . .

m) Sie geht oft einkaufen, aber . . .

n) Sie weiß sehr viel über Musik, aber . . .

Lektion 3

B2/3 GR

12. Ihre Grammatik: Ergänzen Sie.

	ich	du	Sie	er/sie/es	man	wir	ihr	sie
Indikativ	gehe	gehst						
Konjunktiv	würde gehen	würdest gehen						
Indikativ	bin							
Konjunktiv	wäre							
Indikativ	habe							
Konjunktiv	hätte							

B2/3 GR

13. ‚hat‘, ‚hatte‘, ‚hätte‘, ‚ist‘, ‚war‘, ‚wäre‘ oder ‚würde‘? Ergänzen Sie.

Gabriela _ist_ Straßenpantomimin. Natürlich _____ sie nicht viel Geld, aber wenn sie
einen anderen Beruf _____, dann _____ sie nicht mehr so frei. Früher _____ sie einen
Freund. Der _____ ganz nett, aber sie _____ oft Streit. Manchmal _____ das Leben
einfacher, wenn Helmut noch da _____. Im Moment _____ Gabriela keinen Freund.
Deshalb _____ sie oft allein, aber trotzdem _____ sie nicht wieder mit Helmut zusammen
spielen. „Wir _____ doch nur wieder Streit“, sagt sie. Gestern _____ Gabriela in Hamburg
gespielt. „Da _____ ein Mann zu mir gesagt: „Wenn sie meine Tochter _____, dann
_____ ich Ihnen diesen Beruf verbieten“, erzählt sie. Natürlich _____ Gabrielas Eltern
auch glücklicher, wenn ihre Tochter einen ‚richtigen‘ Beruf _____. Es _____ ihnen lieber,
wenn Gabriela zu Hause wohnen _____ oder einen Mann und Kinder _____. Aber
Gabriela _____ schon immer ihre eigenen Ideen.

B2/3 GR

14. Geben Sie einem Freund/einer Freundin einen Rat. Schreiben Sie.

a) O Was soll ich nur machen?
   Ich bin immer so nervös.
   ☐ (weniger arbeiten)
     – _Es wäre gut, wenn du weniger arbeiten würdest._
     – _Du solltest weniger arbeiten._

Ebenso:
b) O Ich bin zu dick.
c) O Ich bin immer erkältet.
d) O Ich komme immer zu spät zur Arbeit.
e) O Mein Auto ist immer kaputt.
f) O Meine Miete ist zu teuer.
g) O Ich bin zu unsportlich.
h) O Meine Arbeit ist so langweilig.
i) O Ich habe so wenig Freunde.

☐ (weniger essen)
☐ (wärmere Kleidung tragen)
☐ (früher aufstehen)
☐ (ein neues kaufen)
☐ (eine andere Wohnung suchen)
☐ (jeden Tag 30 Minuten laufen)
☐ (eine andere Stelle suchen)
☐ (netter sein)

15. Was sollte/könnte/müßte man im Fernsehprogramm anders machen? Machen Sie Vorschläge. Sie können die folgenden Beispiele verwenden.

mit den Sendungen	später früher ...	aufhören die beginnen	Kultursendungen ...	interessanter machen lustiger machen ...

mehr weniger	Kindersendungen Sport ...	ins Programm nehmen zeigen	die guten Filme nicht so spät zeigen, nicht so viele Sendungen wiederholen

die	langweiligen ...	Krimis aus dem Programm nehmen ...

in	den Politiksendungen ...	eine einfachere Sprache sprechen ...

Man sollte mit den Sendungen früher anfangen.
Man müßte ...
Man könnte ...

16. Ihre Grammatik: Ergänzen Sie.

	ich	du	Sie	er sie/es	man	wir	ihr	sie
müssen	müßte							
dürfen	dürfte							
können								
sollen								

17. Ergänzen Sie ‚auf', ‚über', ‚nach', ‚für' oder ‚gegen' und die Artikel.

a) In der Sendung diskutieren Schüler und Lehrer _über_ _das_ Thema Schulangst.

b) Warum interessierst du dich nicht _____ _____ Film? Der ist doch wirklich gut.

c) Bruno ärgert sich immer _____ _____ Sportsendungen.

d) Die Leute freuen sich _____ _____ Pantomimenspiel von Gabriela.

e) Die Geschäftsleute in München haben sich _____ _____ Straßenmusiker beschwert.

f) Endlich hat die Stadt etwas _____ _____ Straßenmusik getan und nicht nur _____ _____ Problem diskutiert.

g) _____ _____ Lizenzregelung haben die Geschäftsleute schon lange gewartet.

h) _____ _____ Urlaub können wir nachher noch sprechen. Ich möchte jetzt lieber den Film sehen.

i) Ich finde Charly Chaplin sehr gut, aber ich kann _____ _____ Filme von ihm nicht lachen.

j) Wenn man _____ _____ Meinung der Zuschauer fragen würde, würde das Fernsehprogramm ganz anders aussehen.

k) Morgen gibt es das Gesundheitsmagazin. Ich freue mich immer _____ _____ Sendung.

Lektion 3

B2/3
GR

18. Ihre Grammatik. Ergänzen Sie.

a)

	der Film	die Musik	das Programm	die Sendungen	
über	den Film	d			sprechen
sich über					ärgern
sich für					interessieren
sich auf/ über					freuen

b)

	der Durst	die Erkältung	das Fieber	die laute Musik	
etwas gegen					tun

c)

	der Weg	die Meinung	das Buch	die Briefe	
nach					fragen

B2/3
GR

19. ‚Ihn‘, ‚sie‘, ‚es‘ oder ‚sich‘? Ergänzen Sie.

a) Der Chef des Ordnungsamtes mag keine Straßenmusikanten. Die haben _____ schon immer geärgert.

b) Der Chef des Ordnungsamtes hat _____ schon immer über die Straßenmusikanten geärgert.

c) Frau Berger sieht selten Krimis. Die interessieren _____ nicht.

d) Frau Berger interessiert _____ nicht für Krimis.

e) Ein älterer Herr mit Bart findet das Pantomimenspiel nicht gut. Es regt _____ auf.

f) Ein älterer Herr mit Bart regt _____ über das Pantomimenspiel auf.

g) In München muß Gabriela _____ im Rathaus anmelden.

h) Wenn Eltern ein Kind bekommen, müssen Sie _____ im Rathaus anmelden.

B2/3
GR

20. Ergänzen Sie.

worüber?	→ über . . .	→ darüber	worauf?	→ auf . . .	→ darauf
wofür?	→ für . . .	→ dafür	wonach?	→ nach . . .	→ danach

a) □ Was machst du denn für ein Gesicht?
_____ ärgerst du dich?
O Ach, _____ meine schlechte Schreibmaschine. Ich muß jeden Brief dreimal schreiben.
□ _____ mußt du dich nicht är-gern. Du kannst meine nehmen.

b) □ _____ regst du dich so auf?
O _____ meine Arbeitszeit. Ich muß schon wieder am Wochenende arbeiten.
□ _____ solltest du dich nicht mehr aufregen. Such doch eine andere Stelle.

c) □ _____ sprecht ihr?
O _____ unseren Deutschkurs.
□ _____ möchte ich auch mit euch sprechen.

d) □ _____ hast du Peter gefragt?
O _____ seiner Meinung zur Straßenmusik.
□ _____ wollte ich ihn auch gerade fragen.

e) □ _____ diskutiert ihr denn?
O _____ unsere Berufschancen.
□ _____ habt ihr doch schon ge-stern diskutiert.

f) ☐ Du lachst ja heute schon den ganzen
Tag. _____ freust du dich denn
so?

   ○ _____ mein gutes Zeugnis.

   ☐ Hast du es Bernd schon gezeigt? Der
freut sich bestimmt auch _____.

g) ☐ _____ wollen Sie sich beschweren?

   ○ _____ mein schlechtes Gehalt.

   ☐ _____ müssen Sie sich beim
Chef beschweren.

h) ☐ _____ interessierst du dich?

   ○ Nur _____ meinen Beruf.

   ☐ _____ interessiere ich mich weniger. Meine Arbeit ist sehr langweilig.

i) ☐ _____ freust du dich?

   ○ _____ unseren nächsten Urlaub.

   ☐ _____ freue ich mich auch.

j) ☐ _____ wartest du?

   ○ _____ meinen Bus.

   ☐ Wartest du _____ schon lange?

21. Ihre Grammatik. Ergänzen Sie.

B2/3
GR

Präposition + Artikel + Nomen	Fragewort	Pronomen
über den Film (sprechen)	wor ?	dar
nach deiner Meinung (fragen)		
auf diese Sendung (warten)		
gegen das Fieber (etwas tun)		

22. Was können Sie auch sagen?

B2/3
BD

a) *Wir hätten gern einen größeren Fernseher.*

   Ⓐ Wir kaufen bald einen größeren Fernseher.

   Ⓑ Wir möchten einen größeren Fernseher.

   Ⓒ Wir hatten früher einen größeren
Fernseher.

b) *Ich wäre lieber Chefsekretärin.*

   Ⓐ Eine Stelle als Chefsekretärin würde
mir besser gefallen.

   Ⓑ Ich war Chefsekretärin.

   Ⓒ Ich wollte Chefsekretärin werden.

c) *In Spanien wäre das Essen besser.*

   Ⓐ Ich glaube, in Spanien hätten wir besseres Essen.

   Ⓑ Man kann nie wissen, wie das Essen in
Spanien ist.

   Ⓒ Wenn wir in Spanien wären, würden
wir besser essen.

d) *Als Arzt würde ich mehr Geld verdienen.*

   Ⓐ Als Arzt möchte ich mehr Geld verdienen.

   Ⓑ Ein Arzt hätte gern mehr Geld.

   Ⓒ Wenn ich Arzt wäre, hätte ich mehr
Geld.

e) *Hätten Sie vielleicht kurz Zeit für mich?*

   Ⓐ Ich würde gerne kurz mit Ihnen sprechen.

   Ⓑ Kann ich Sie kurz haben?

   Ⓒ Haben Sie einen Moment Zeit? Ich
möchte Sie kurz sprechen.

f) *Würdest du wie Gabriela leben wollen?*

   Ⓐ Hättest du gern ein Leben wie
Gabriela?

   Ⓑ Willst du denn wie Gabriela leben?

   Ⓒ Wärst du gern wie Gabriela?

Lektion 3

**23. Was wissen Sie über Gabriela? Schreiben Sie einen kleinen Text.
Die folgenden Informationen können Ihnen helfen:**

Gabriela, 20 Jahre, Straßenpantomimin
zieht von Stadt zu Stadt, spielt auf Plätzen und Straßen
Leute mögen ihr Spiel, nur wenige regen sich auf
sammelt Geld bei den Leuten, verdient ganz gut, muß regelmäßig spielen
früher mit Helmut zusammen, auch Straßenkünstler, ihr hat das freie Leben gefallen
für Helmut Geld gesammelt, auch selbst getanzt
nach einem Krach, Schnellkurs für Pantomimen gemacht
findet ihr Leben unruhig, möchte keinen anderen Beruf

24. Leute diskutieren über das Thema Fernsehen. Finden Sie eine Reihenfolge.

a) Trotzdem, Kinder sollten nachmittags spielen und Sport treiben. Das ist besser als Fernsehen.

b) Also, das ist doch alles Unsinn! Diese ganze Diskussion ist Unsinn! Warum macht Fernsehen dumm? Können Sie mir das vielleicht erklären?

c) Ich finde, wenn man Kinder hat, sollte man keinen Fernseher kaufen.

d) Da haben Sie ganz recht. Das Fernsehen macht dumm. Kein Mensch liest heute noch Bücher. Alle sitzen vor dem Fernseher.

e) Warum denn nicht? Das Kinderprogramm ist doch oft ganz gut.

f) Das glaube ich auch. Man kann es den Kindern nicht verbieten, und ich finde, man sollte es auch nicht. Fernsehen ist nicht schlecht, wenn die Eltern vorher oder nachher mit den Kindern über die Sendungen sprechen.

g) Regen Sie sich doch nicht so auf. Man kann doch auch ruhig über dieses Problem sprechen.

h) Sicher, da haben Sie recht. Aber wenn man zu Hause keinen Fernseher hat, dann gehen sie zu Freunden und sehen dort fern. Dagegen kann man nichts machen.

i) Aber welche Eltern tun das denn? Die meisten haben doch keine Zeit dafür. Das Fernsehen ist der moderne Babysitter. Und dann fragen die Eltern den Lehrer, warum ihre Kinder so dumm sind.

c) Ich finde, wenn man Kinder hat, sollte man keinen Fernseher kaufen.

e) Warum denn nicht? Das Kinderprogramm ...

Gebühreneinzugszentrale (GEZ)
Postfach 10 80 25, 5000 Köln 200

Erst anmelden - dann einschalten!

GEZy sagt, wie's geht...

Gebührentabelle

Geräteart	Radio	Fernseher	Radio und Fernseher
Grund-gebühr	5,05 DM	5,05 DM	5,05 DM
Fernseh-gebühr	–	11,20 DM	11,20 DM
Gebühren zusammen	5,05 DM	16,25 DM	16.25 DM

Für welche Geräte müssen Sie zahlen?

Wenn Sie ein Radio, einen Fernseher oder einen Video-Recorder in Ihrer Wohnung haben, müssen Sie Gebühren an die GEZ zahlen – auch dann, wenn Sie die Geräte nicht benutzen. Haben Sie in Ihrer Privat-wohnung mehrere Geräte (z. B. zwei Fern-seher oder zwei Radios), dann müssen Sie nur für eines dieser Geräte Gebühren zah-len. Nur dann, wenn das zweite Gerät von einem Familienmitglied (z. B. einem Ihrer Kinder, Ihren Eltern oder einem anderen Verwandten) mit eigenem Einkommen benutzt wird, dann muß diese Person das von ihr genutzte Gerät anmelden und da-für auch Gebühren zahlen. Auch Radios und Fernseher, die Sie zusätzlich an an-deren Orten, z.B. in einer Zweitwohnung oder an Ihrem Arbeitsplatz haben, sind nicht gebührenfrei; Sie müssen auch diese Geräte extra anmelden. Nicht be-zahlen müssen Sie dagegen für Ihr Auto-radio, wenn Sie das Auto nur privat benüt-zen und wenn Sie schon für ein Radio in Ihrer Wohnung Gebühren bezahlen; dann gilt das Autoradio nämlich als gebühren-freies Zweitgerät.

Wie können Sie die Gebühren zahlen?

Sie können die Rundfunkgebühren ein-mal, zweimal oder viermal pro Jahr bezah-len. Die GEZ schickt Ihnen dann immer eine Rechnung. Am einfachsten ist es aber, wenn Sie der GEZ den Auftrag geben, die Gebühr von Ihrem Konto auto-matisch abzubuchen. Dann haben Sie weniger Arbeit, und Sie vergessen die Zahlungstermine nicht.

Zwei irre Spaßvögel

**Komödie, Farbe
88 Minuten
Darsteller:
Pierre Richard,
Gérard Depardieu,
Anny Duperey,
Michel Aumaunt.
Regie: Francis Veber**

Die zwei beliebtesten Schauspieler Frankreichs zusammen in einem tollen Film. Pierre Richard, ungeschickt und vom Pech verfolgt, und Gérard Depardieu als mutiger Reporter suchen einen jungen Mann. Jeder der beiden glaubt, der junge Mann sei sein Sohn, und keiner weiß, daß der andere ihn auch sucht. Bei dieser Suche geraten sie in die Gesellschaft von Rockern und Killern... Ein Klassefilm, der Millionen zum Lachen bringt.   (VPS)

Der Zeuge

**Spielfilm, Farbe
120 Minuten
Darsteller:
Charles Bronson,
Lino Ventura,
Jill Ireland.
Regie: Terence Young**

„Der Zeuge" ist die filmische Umsetzung des Bestsellers „Die Valachi-Papiere". Er schildert das organisierte Verbrechen im Amerika der 30er Jahre. Die authentischen Berichte von Joe Valachi, dem Mann, den die Mafia am meisten haßt: Er wußte alles, und er sagte alles – sogar über Lucky Luciano.
Ein perfekter Film des Regisseurs Terence Young, der sich mit „James Bond" einen Namen gemacht hat.   (VPS)

Tapetenwechsel

**Komödie, Farbe
84 Minuten
Darsteller:
Claudia Demarmels,
Rolf Zacher,
August Zirner,
Iris Berben,
Erni Singerl.
Regie: Gabriele Zerau**

Mona, 26 Jahre jung, sieht gut aus und ist intelligent. Für mich kann Wohnungssuche doch kein Problem sein, denkt sie. Aber so einfach ist es nicht: Schon frühmorgens verliert sie den Kampf um die ersten Exemplare der Tageszeitung mit den Wohnungsanzeigen und um eine freie Telefonzelle...
Auch andere Wege zu einer Wohnung sind schwierig, aber sie gibt nicht auf; sie ist schließlich jung, sieht gut aus und ist intelligent...   (Thorn-Emi)

IHR PROGRAMM

Der zweite Weltkrieg ist fast zu Ende – da treffen sich auf einer kleinen Insel im Pazifik ein amerikanischer Pilot und ein japanischer Offizier. Die beiden sind allein, und sie führen den Krieg allein weiter. Jeder verfolgt den anderen und versucht, ihn zu töten. Sie stellen sich immer neue, immer raffiniertere Fallen und können nicht sehen, daß der Krieg schon lange entschieden ist. Vor allem die Leistung der beiden Schauspieler in diesem Film ist sehr gut.
(Thorn-EMI)

Die Hölle sind wir

Kriegsfilm, Farbe
98 Minuten
Darsteller:
Lee Marvin,
Toshiro Mifune.
Regie: John Boorman

Die Geschichte für diesen spannenden Action-Thriller hat Harold Pinter geschrieben. Quiller (George Segal), der charmante Agent, ist schneller, härter und intelligenter als jeder andere. Und er ist mehr als nur ein Agent: Quiller ist ein Killer, ein Einzelkämpfer. Eines Tages bekommt er von seinem Chef Pol (Alec Guinness) eine Aufgabe, die für jeden anderen den sicheren Tod bedeuten würde: Er soll Oktober, den Chef einer Terroristenbande (Max von Sydow), töten.
(VPS)

Steckbrief für einen Killer

Thriller, Farbe
100 Minuten
Darsteller:
George Segal,
Alec Guinness,
Max von Sydow,
Senta Berger.
Regie: Michael Anderson

Jahrelang war „Tiger" ein berühmter Pirat auf allen Meeren der Welt. Aber jetzt ist er alt geworden und will nur noch seine Ruhe haben. Wer soll der neue „Tiger" werden? Das soll ein Kampf mit dem Degen entscheiden. Der Sieger aus diesem Kampf muß dann auch noch die schöne Tochter des alten Piraten besiegen, und dann kann er das Schiff übernehmen. Der junge William gewinnt den Kampf, aber die Tochter will er nicht besiegen, denn er liebt sie. Da ermordet jemand den alten Piraten, ihren Vater…
(VPS)

Tiger der Meere

Piratenfilm, Farbe
90 Minuten
Darsteller:
Anthony Steel,
Gianna Maria Canale.
Regie: Luigi Capuano

Lektion 4

1. Ergänzen Sie.

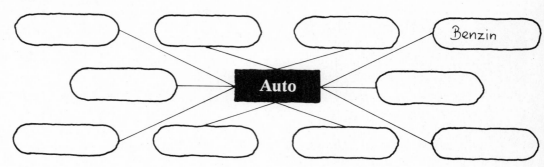

2. Was paßt wo?

| leicht | preiswert | voll | niedrig | schwach | schnell |

a) langsam – _____   c) leer – _____   e) schwer – _____
b) teuer – _____   d) stark – _____   f) hoch – _____

3. Was kann man nicht sagen?

a) Ich muß meinen Wagen waschen/tanken/baden/abholen/anmelden.
b) Der Tank ist kaputt/schwierig/leer/voll/stark.
c) Ich finde, der Motor läuft zu langsam / sehr gut/nicht richtig/zu schwierig/sehr laut.
d) Ist der Wagen preiswert/blau/blond/hübsch/neu?
e) Das Auto verliert/braucht/hat genug/ißt/nimmt Öl.
f) Mit diesem Auto können Sie Benzin sparen/schnell fahren/gut laufen/Geld sammeln/gut parken.

4. Was paßt wo?

| bremsen | reparieren | abschleppen | bezahlen | fahren | tanken |

a) Benzin – _____   c) Räder – _____   e) Werkstatt – _____
b) Panne – _____   d) Wagen – _____   f) Steuer – _____

5. Was paßt wo?

| Brille | Kind | Auto | Papier | Gemüse | Hemd | Benzin | Brief |
| Haare | Geld | Hals | Wurst | Brot | Bart | Fleisch | Pullover |

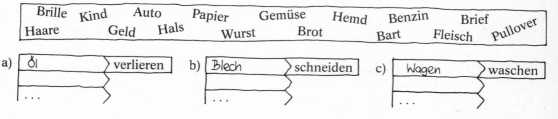

44

6. Ergänzen Sie.

B1/2
WS

schwierig   Werkzeug   Versicherung   Abteilung   laufen   abschleppen

hinten   zum Schluß   vorne   abholen   Steuer

a) Der Motor ist kaputt. Können Sie meinen Wagen bis zur nächsten Werkstatt _____.
b) Ihr Wagen ist fertig. Sie können ihn sofort _____.
c) Hör doch mal, ich glaube der Motor _____ nicht richtig.
d) Wir haben den Wagen noch nicht gewaschen. Das machen wir immer _____.
e) Den Reifen kann ich selbst wechseln. Das ist nicht _____.
f) Ich kann die Bremsen nicht reparieren. Mir fehlt das richtige _____.
g) Nach dem Unfall hat meine _____ alles bezahlt.
h) Hier ist ein Brief vom Finanzamt. Du hast die _____ für das Auto nicht bezahlt.
i) Die meisten Autos haben den Motor _____.
j) Nur wenige Autos haben den Motor _____.
k) In welcher _____ werden die Autos geprüft?

7. ,Gehen' hat verschiedene Bedeutungen.

B1/2
WS

A. Als Frau alleine Straßentheater machen. Das *geht* doch nicht!
   (Das soll man nicht tun. Das ist nicht normal.)
B. Das Fahrlicht *geht* nicht.
   (Etwas ist kaputt oder funktioniert nicht.)
C. Können Sie bis morgen mein Auto reparieren? *Geht* das?
   (Ist das möglich?)
D. Wie *geht* es dir?
   (Bist du gesund und zufrieden? Hast du Probleme?)
E. Warum willst du mit dem Auto fahren? Wir können doch *gehen*.
   (zu Fuß gehen, laufen, nicht fahren)
F. Inge ist acht Jahre alt. Sie *geht* seit zwei Jahren zur Schule.
   (die Schule oder die Universität oder einen Kurs besuchen)
G. Wir *gehen* oft ins Theater. / Wir *gehen* jeden Mittwoch schwimmen.
   (zu einem anderen Ort gehen oder fahren und dort etwas tun)

Welche Bedeutung hat ,gehen' in den folgenden Sätzen?

	1	2	3	4	5	6	7	8	9	10	11	12	13	14
A														
B														
C														
D														
E														
F														
G														

Lektion 4

1. Meiner Kollegin geht es heute nicht so gut. Sie hat Kopfschmerzen.
2. Geht ihr heute abend mit ins Kino?
3. Kann ich heute bei dir fernsehen? Mein Apparat geht nicht.
4. Wenn man Physik studieren will, muß man 5 bis 6 Jahre zur Universität gehen.
5. Geht das Radio wieder?
6. Gaby trägt im Büro immer so kurze Röcke. Ich finde, das geht nicht.
7. Ich gehe heute nachmittag einkaufen.
8. Warum gehst du denn so langsam?
9. Wie lange gehst du schon in den Deutschkurs?
10. Max raucht immer meine Zigaretten. Das geht doch nicht!
11. Geht es Ihrer Mutter wieder besser?
12. Ich möchte kurz mit Ihnen sprechen. Geht das?
13. Ich gehe lieber zu Fuß. Das ist gesünder.
14. Sie wollen mit dem Chef sprechen? Das geht leider nicht.

B1/2 GR

8. Ergänzen Sie.

○ Ihr wollt ein neues Auto kaufen, sagt deine Frau. Was für eins denn?

□ Dieses Mal möchten wir ein kleiner _es_____. Du hast doch den neuen Corsa. Bist du zufrieden?

○ Eigentlich ja. Er ist der teuerst_____ von den Kleinwagen, aber er hat den stärkst_____ Motor. Übrigens hat er einen niedriger_____ Benzinverbrauch und niedriger_____ Kosten pro Monat als der VW-Polo.

□ Das habe ich auch schon gehört. Der Polo ist wohl wirklich der unattraktivst_____ von allen Kleinwagen. Viele sagen, VW bietet eine besser_____ Qualität und einen besser_____ Werkstattservice als die anderen Firmen. Aber das stimmt doch nicht mehr. Die Japaner zum Beispiel bauen keine schlechter_____ Autos als die Deutschen. Und ihre Werkstätten sind auch nicht die schlechtest_____, habe ich gelesen. Letzte Woche habe ich mir mal den neuest_____ Nissan, den Micra, angesehen. Er hat einen etwas kleiner_____ Kofferraum und eine etwas niedriger_____ Höchstgeschwindigkeit als die anderen

Kleinwagen, aber dafür den günstigst_____ Preis, den niedrigst_____ Verbrauch und die niedrigst_____ Kosten pro Monat. Das ist mir am wichtigsten.

○ Und wie findest du den neuest_____ Peugeot, den 205? Hast du dir den auch schon angesehen?

□ Ja. Der ist sicher der bequemst_____ von allen. Aber du weißt ja, leider sind die Peugeot-Werkstätten oft die teuerst_____, und die Peugeot-Qualität ist nicht immer die best_____.

○ Und was macht ihr jetzt? Welchen nehmt ihr?

□ Wahrscheinlich den Micra. Aber genau wissen wir es noch nicht.

9. Ihre Grammatik: Ergänzen Sie.

a)

Nominativ	Akkusativ	Dativ
Das ist (sind)	Dieser Wagen hat	Das ist der Wagen mit
der _höchste_____ Verbrauch.	den _____ Verbrauch.	dem _____ Verbrauch.
die _höch_____ Geschwin-digkeit.	die _____ Geschwin-digkeit.	der _____ Geschwin-digkeit.
das _höch_____ Gewicht.	das _____ Gewicht.	dem _____ Gewicht.
die _höch_____ Kosten.	die _____ Kosten.	den _____ Kosten.

b)

Nominativ	Akkusativ	Dativ
Das ist (sind)	Dieser Wagen hat	Es gibt einen Wagen mit
ein _niedriger_____ Verbrauch.	einen _____ Verbrauch.	einem _____ Verbrauch.
eine _nied_____ Geschwin-digkeit.	eine _____ Geschwin-digkeit.	einer _____ Geschwin-digkeit
ein _____ Gewicht.	ein _____ Gewicht.	einem _____ Gewicht.
— _____ Kosten.	— _____ Kosten.	— _____ Kosten.

10. ‚Wie' oder ‚als'? Ergänzen Sie.

a) Den Corsa finde ich besser _____ den Polo.
b) Der Micra fährt fast so schnell _____ der Peugeot.
c) Der Peugeot hat einen genauso starken Motor _____ der Polo.
d) Der Micra verbraucht weniger Benzin _____ der Polo.
e) Der Micra hat einen fast so großen Kofferraum _____ der Corsa.
f) Es gibt keinen günstigeren Kleinwagen _____ den Micra.
g) Kennen Sie einen schnelleren Kleinwagen _____ den Corsa?
h) Der Corsa kostet genauso viel Steuern _____ der Micra.

11. Sie können es auch anders sagen.

a) Man hat mir gesagt, das neue Auto verbraucht weniger Benzin. Aber das stimmt nicht.
Das neue Auto verbraucht mehr Benzin, als man mir gesagt hat.
b) Man hat mir gesagt, das neue Auto verbraucht weniger Benzin. Das stimmt wirklich.
Das neue Auto verbraucht genauso wenig Benzin, wie man mir gesagt hat.
c) Du hast gesagt, die Werkstattkosten für einen Peugeot sind sehr hoch. Ich wollte es nicht glauben, aber du hast recht.
d) Der Autoverkäufer hat uns gesagt, der Motor ist erst 25 000 km gelaufen. Aber das ist falsch. Der Motor ist viel älter.
e) In der Anzeige steht, der Wagen fährt 150 km/h. Aber er fährt schneller.
f) In der Anzeige schreibt Nissan, der Micra fährt 143 km/h. Das stimmt.
g) Der Autoverkäufer hat mir erzählt, den Wagen gibt es nur mit einem 54 PS-Motor. Aber es gibt ihn auch mit einem schwächeren Motor.
h) Früher habe ich gemeint, Kleinwagen sind unbequem. Das finde ich nicht mehr. Letzte Woche habe ich mir welche angesehen, und die sind sehr bequem.

Lektion 4

B1/2
GR

12. Arbeiten in einer Autowerkstatt. Was passier hier? Schreiben Sie.

Kaufvertrag unterschreiben   sauber machen   arbeiten   tanken   Rechnung bezahlen waschen reparieren   Bremsen prüfen   schweißen abschleppen   wechseln   abholen

a) Hier wird ein Auto abgeholt.

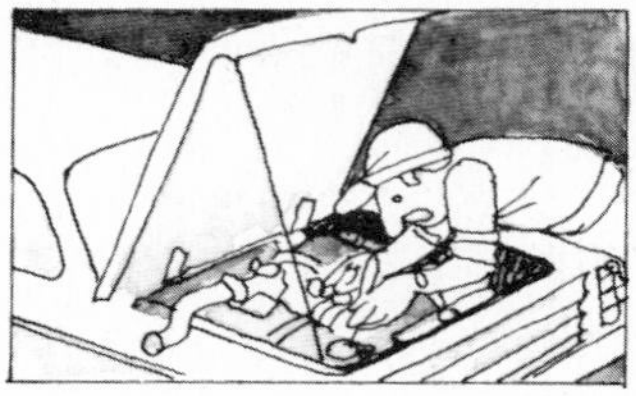

e) _____

i) _____

b) _____

f) _____

j) _____

c) _____

g) _____

k) _____

d) _____

h) _____

l) _____

Ihre Grammatik. Ergänzen Sie.

ich	du	Sie	er/sie/es	man	wir	ihr	sie
werde abgeholt	w						

13. **Jemand fragt Sie nach dem Rezept für Zwiebelhähnchen. Erklären Sie es.**
Im Deutschen verwendet man dafür das Passiv und die Wörter ‚zuerst‘, ‚dann‘,
‚danach‘, ‚zuletzt‘, ‚zum Schluß‘ und ‚und‘.

B1/2
GR

Zwiebelhähnchen

(für 4 Personen)

KOCH STUDIO

* *

Das brauchen Sie:

2 Hähnchen	Basilikum	
(ca. 1½ Kilo),	3 Löffel Öl	125 g Mandeln
Salz, Pfeffer,	½ Liter Fleischbrühe	Petersilie
Curry, Thymian,	1½ Pfund Zwiebeln (rot)	1 Tasse Reis

* *

So kochen Sie:

 Die Hähnchen in Stücke schneiden.

 Zwiebeln schälen, klein schneiden und zu den Hähnchen geben, nochmal 10 Minuten kochen.

 Mit Salz, Pfeffer, Curry, Thymian und Basilikum würzen.

 Mandeln in kleine Stücke schneiden. Das Essen mit Petersilie bestreuen.

 In Öl braten. Fleischbrühe dazugeben und 20 Minuten kochen.

 Reis 20 Minuten in Salzwasser kochen. Reis und Hähnchen servieren.

Zuerst werden die Hähnchen in Stücke geschnitten. Dann werden sie ...

Lektion 4

B1/2
GR

14. Ihre Grammatik: Ergänzen Sie.

a) Die Hähnchen werden zuerst in Stücke geschnitten.
b) Man schneidet die Hähnchen zuerst in Stücke.
c) Heute schleppt Ruth das Auto zur Werkstatt ab.
d) Heute wird das Auto zur Werkstatt abgeschleppt.
e) Die Autos werden von der Bahn schnell nach Italien gebracht.
f) Die Bahn bringt die Autos schnell nach Italien.

	Inversions-signal	Subjekt	Verb	Subjekt	unbetonte obligator. Ergänzung	Angabe	obligatorische Ergänzung	Verb
a		Die Hähnchen	werden			zuerst	in Stücke	geschnitten.
b								
c								
d								
e								
f								

B1/2
BD

15. Was können Sie auch sagen?

a) *Wird der Wagen zu schnell gefahren?*
 Ⓐ Fährt der Wagen zu schnell?
 Ⓑ Ist der Wagen meistens sehr schnell?
 Ⓒ Fahren Sie den Wagen zu schnell?

b) *In unserer Familie wird viel gesungen.*
 Ⓐ In unserer Familie singen wir viel.
 Ⓑ Unsere Familie singt immer.
 Ⓒ Unsere Familie singt meistens hoch.

c) *In China werden die meisten Kinder geboren.*
 Ⓐ Die meisten Kinder haben in China Geburtstag.
 Ⓑ Chinesen bekommen die meisten Kinder.
 Ⓒ Die meisten Frauen bekommen ihre Kinder in China.

d) *Worüber wird morgen im Deutschkurs gesprochen?*
 Ⓐ Worüber sprechen wir morgen im Deutschkurs?
 Ⓑ Spricht morgen jemand im Deutschkurs?
 Ⓒ Über welches Thema reden wir morgen im Deutschkurs?

e) *Warum werde ich immer gestört?*
 Ⓐ Warum stört mich immer jemand?
 Ⓑ Warum störe ich immer?
 Ⓒ Warum stört man mich immer?

f) *Kinder werden nicht gern gewaschen.*
 Ⓐ Keiner wäscht die Kinder.
 Ⓑ Kinder mögen es nicht, wenn man sie wäscht.
 Ⓒ Kinder wäscht man meistens nicht.

g) *Die schweren Arbeiten werden von Robotern gemacht.*
 Ⓐ Die Roboter machen die Arbeit schwer.
 Ⓑ Die schweren Roboter werden nicht mehr von Menschen gemacht.
 Ⓒ Die Roboter machen die schweren Arbeiten.

h) *In Frankreich wird viel Wein getrunken.*
 Ⓐ Man trinkt viel Wein, wenn man in Frankreich ist.
 Ⓑ Wenn man viel Wein trinkt, ist man oft in Frankreich.
 Ⓒ Die Franzosen trinken viel Wein.

16. Was können Sie auch sagen?

B1/2
BD

a) *Bernd hat seine Angst vor Hunden verloren.*
   - Ⓐ Bernd hat seine Hunde verloren, weil er Angst hatte.
   - Ⓑ Bernd hatte noch nie Angst vor Hunden.
   - Ⓒ Bernd hat jetzt keine Angst mehr vor Hunden.

b) *Carola hat ihre Eltern bei einem Unfall verloren.*
   - Ⓐ Carolas Eltern sind bei einem Unfall gestorben.
   - Ⓑ Carolas Eltern hatten einen Unfall. Sie sind tot.
   - Ⓒ Carolas Eltern sind schwer krank.

c) *Lutz verliert seine Haare.*
   - Ⓐ Lutz hat kurze Haare.
   - Ⓑ Lutz hat bald keine Haare mehr.
   - Ⓒ Lutz muß seine Haare suchen.

d) *Wir haben den Weg verloren.*
   - Ⓐ Wir konnten den Weg nicht finden.
   - Ⓑ Wir haben die Straßen verloren.
   - Ⓒ Wir haben den richtigen Weg nicht mehr gewußt.

e) *Herbert hat seine Stelle verloren.*
   - Ⓐ Herbert ist arbeitslos geworden.
   - Ⓑ Herbert will nicht mehr arbeiten.
   - Ⓒ Herbert kann keine Stelle finden.

f) *Max hat schon 6 Kilogramm verloren.*
   - Ⓐ 12 Pfund sind schon kaputt.
   - Ⓑ Max ist jetzt 12 Pfund leichter.
   - Ⓒ Max ist jetzt schlanker.

g) *Durch die Panne habe ich Zeit verloren.*
   - Ⓐ Ich weiß nicht, wie spät es ist.
   - Ⓑ Die Fahrt war länger, als erwartet.
   - Ⓒ Meine Uhr ist kaputtgegangen.

17. Schreiben Sie einen Dialog.

B1/2
BD

Ich kann Sie ja verstehen, Frau Becker. Wir versuchen es, vielleicht klappt es ja heute doch noch.

~~Mein Name ist Becker. Ich möchte meinen Wagen bringen.~~

Nein, das ist alles. Wann kann ich das Auto abholen?

Morgen nachmittag erst? Aber gestern am Telefon haben Sie mir doch gesagt, es geht heute noch.

Das muß man doch wissen. Das geht doch nicht!

Morgen nachmittag.

Die Bremsen ziehen immer nach links, und der Motor braucht zuviel Benzin.

Es tut mir leid, Frau Becker. Aber wir haben so viel zu tun. Das habe ich gestern nicht gewußt.

Noch etwas?   Ja gut. Meine Nummer kennen Sie ja.

Ach ja, Frau Becker. Sie haben gestern angerufen. Was sollen wir machen?

○ *Mein Name ist Becker. Ich möchte meinen Wagen bringen.*
□ _____
○ _____
□ ...

Lektion 4

B3
WS

18. Ergänzen Sie.

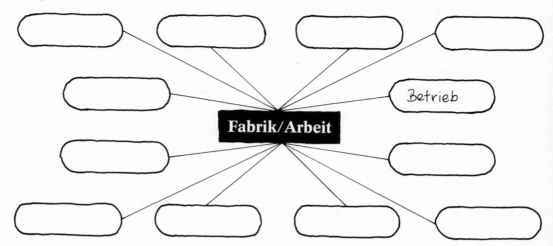

Fabrik/Arbeit

Betrieb

B3
WS

19. Was paßt nicht?

a) Industrie – Arbeitgeber – Angestellter – Arbeitnehmer
b) Lohn – Gehalt – Geld – Firma
c) Firma – Betrieb – Überstunden – Fabrik

20. Was sehen Sie?

B3
WS

a) Autobahn
b) Automechaniker
c) Autounfall
d) Autowerkstatt
e) Autozug
f) Lastwagen
g) Unfallauto
h) Werkstattauto

52

21. Machen Sie selbst Nomen. Man kann sehr viele bilden, aber man verwendet nicht alle. Vergleichen Sie den Schlüssel zu dieser Übung.

B3
WS

Arbeit(s)	platz
Auto	lohn
Betrieb(s)	rat
Hand	rechnung
Fuß	dach
Reparatur	arbeiter
Metall	steuer
Unfall	versicherung
	werkstatt
	geld
	tag
	zeit
	fabrik
	industrie
	bremse
	firma
	motor
	wagen
	radio
	spiegel
	panne
	telefon
	werkzeug

Arbeitsplatz

22. Was können Sie auch sagen?

B3
BD

a) *Harry ist jeden Abend froh, wenn er nach Hause gehen kann.*
   - Ⓐ Wenn Harry froh ist, geht er nach Hause.
   - Ⓑ Harry geht immer früh nach Hause.
   - Ⓒ Harry freut sich, wenn seine Arbeit zu Ende ist.

b) *Wir haben in diesem Monat 250,– DM gespart.*
   - Ⓐ Wir hatten am Monatsende noch 250,– DM.
   - Ⓑ Wir müssen in diesem Monat noch 250,– DM bezahlen.
   - Ⓒ In diesem Monat fehlen uns 250,– DM.

c) *Harry verdient rund 2000,– DM pro Monat.*
   - Ⓐ Harry verdient viel mehr als 2000,– DM.
   - Ⓑ Harry verdient etwa zwischen 1900,– und 2100,– DM.
   - Ⓒ Harry verdient vielleicht 2000,– DM.

d) *Harry verdient sehr gut. Das hält ihn bei VW.*
   - Ⓐ Weil Harry gut verdient, sucht er keine andere Stelle.
   - Ⓑ Harry verdient gut. Deshalb bleibt er bei VW.
   - Ⓒ Harry verdient gut. Deshalb will er kündigen.

Lektion 4

e) *Das steht im Tarifvertrag.*
   Ⓐ Der Tarifvertrag steht dort.
   Ⓑ Das sagt der Tarifvertrag.
   Ⓒ Das verlangt der Tarifvertrag.

f) *Nino arbeitet in der Elektroindustrie.*
   Ⓐ In Ninos Firma werden Elektroteile gemacht.
   Ⓑ Nino repariert Elektroteile.
   Ⓒ Nino ist Elektriker.

B3
BD

23. ,Ganz' hat verschiedene Bedeutungen.

A. Zum Schluß wird das *ganze* Auto geprüft. *(ganz = alle Teile einer Sache)*
B. Man sollte die Straßenmusik *ganz* verbieten. *(ganz = total, völlig)*
C. Harry Gerth ist mit seiner Arbeit *ganz* zufrieden. *(ganz = ziemlich)*

Welche Bedeutung
hat ,ganz' in den
folgenden Sätzen?

	1	2	3	4	5	6
A						
B						
C						

1. Wir müssen den ganzen Motor reparieren.
2. Entschuldigung, das habe ich ganz vergessen.
3. Bitte tanken Sie den Wagen ganz voll.
4. Die ganze Abteilung macht jetzt Urlaub.

5. Der Wagen gefällt mir ganz gut, aber ich finde ihn etwas langsam.
6. Die Bremsen hinten waren ganz gut. Wir mußten nur die vorne reparieren.

B3
SA

24. Die Journalistin Edith Hahn hat den Artikel über den VW-Arbeiter Harry Gerth geschrieben. Vorher hat sie mit ihm ein Interview über seine Arbeit gemacht. Unten finden Sie die Fragen der Journalistin. Welche Antworten hat Harry Gerth wohl gegeben?

E. H.: Herr Gerth, wie lange sind Sie eigentlich schon bei VW?
H. G.: _____

E. H.: Was haben Sie vorher gemacht?
H. G.: _____

E. H.: Und was machen Sie jetzt bei VW? In welcher Abteilung arbeiten Sie?
H. G.: _____

E. H.: Sagen Sie, finden Sie Ihre Arbeit nicht sehr anstrengend?
H. G.: _____

E. H.: Und Ihre Arbeitszeit, wie finden Sie die? Die ist doch ziemlich unregelmäßig.
H. G.: _____

E. H.: Entschuldigen Sie, Herr Gerth, wenn ich Sie so direkt frage. Was verdienen Sie?
H. G.: _____

E. H.: Sind Sie damit zufrieden?
H. G.: _____

E. H.: In der Industrie sprechen alle von Rationalisierung. Was denken Sie darüber?
H. G.: _____

E. H.: Herr Gerth, Sie sind jetzt schon ziemlich lange bei VW und haben eigentlich immer nur in der Montage gearbeitet. Haben Arbeiter bei VW keine Karrierechancen?
H. G.: _____

Drei gute Gründe
für die Arbeitszeitverkürzung:

1. Arbeitsplätze sichern und schaffen

Die Verkürzung der Arbeitszeit bekämpft die Arbeitslosigkeit.
Sie führt zu einer gerechteren Verteilung der Arbeit. Unser
Motto: Statt Arbeitslosigkeit für viele mehr Freizeit für alle!

2. Arbeit menschlicher machen

Der Streß muß weg. Die Arbeitskraft darf nicht verschlissen
werden. Die wachsende Arbeitsbelastung muß durch kürzere
Arbeitszeit ausgeglichen werden.

3. Leben und Gesellschaft gestalten

Die Arbeitnehmer brauchen mehr Zeit für sich und ihre
Familien, für das soziale, kulturelle und gesellschaftliche Leben.
Arbeitszeitverkürzung erleichtert auch partnerschaftliche
Arbeitsteilung im Haushalt und bei der Kindererziehung.

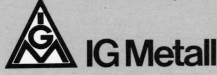

IG Metall

AZV 16 C

Netto: 2.200,– DM

Netto: 1.200,– DM

Familie Falkenhof: „Urlaub machen, das wäre schön."

Susanne Speet, 26: „Ich kaufe jetzt weniger Kleider."

Verdienen

Horst-Dieter und Anke Falkenhof aus Jever, beide 34 Jahre alt, haben zwei Kinder: Nils, 7, und Ulf, 5 Jahre alt. Horst-Dieter ist Oberfeldwebel bei der Bundeswehr und verdient netto 2200,– DM pro Monat. Anke ist Krankenschwester, aber sie kann wegen der Kinder nur wenig arbeiten, höchstens dreimal im Monat. Das bringt zwischen 300,– und 500,– DM. Jeden Monat müssen die Falkenhofs bezahlen:

Miete:	397,– DM	Versicherungen:	240,– DM
Gas und Strom:	270,– DM	Benzin:	200,– DM
Wasser:	29,– DM	Telefon:	50,– DM
Kindergarten:	84,– DM	Sparvertrag:	50,– DM

Es bleiben also 880,– DM zum Leben, oder ein bißchen mehr, wenn Anke arbeiten kann. Ist das genug? „Meistens nicht, wir brauchen oft noch einen Kredit von der Bank. Das ist natürlich ganz schlecht, weil man dafür ja doch ziemlich hohe Zinsen bezahlen muß. Das kostet also auch wieder etwas. Aber manchmal bleibt uns einfach nichts anderes übrig. Etwas auf die Seite legen, das können wir sowieso nie; zum Beispiel Urlaub haben wir schon lange nicht mehr gemacht, obwohl wir beim Einkaufen sehr aufpassen." Beispiel: Der nächste Laden wäre bequemer für den täglichen Einkauf, aber die Falkenhofs kaufen dort nicht, weil der Supermarkt in der Stadt eben viel billiger ist. Was Anke am meisten ärgert: „Kinderschuhe sind wahnsinnig teuer. Unter 70,– DM gibt es keine. Und Schokolade – da kostet die billigste Tafel 1,30 DM." Zigaretten und Alkohol gibt es für das Ehepaar Falkenhof nicht mehr so oft. Auch Benzin sparen sie jetzt: sie fahren mehr mit dem Rad.

Susanne Speet, 26 Jahre alt, Redaktionssekretärin in Hamburg, verdient 1900,– DM netto. Feste Kosten:

Miete:	560,– DM	Zigaretten:	120,– DM
Kredit:	300,– DM	Zeitungen:	10,– DM
Fahrgeld:	60,– DM	Strom:	40,– DM

Es bleiben also rund 800,– DM pro Monat. Ist das genug? „Eigentlich ja, aber manchmal reicht es doch nicht. Ich kaufe immer zu viel." Susanne versucht zu sparen, beim Rauchen zum Beispiel. Seit die Zigaretten wieder teurer geworden sind, raucht sie nur noch ein Päckchen pro Tag. „Und ich würde gern ganz aufhören. Vielleicht schaff' ich's noch…" Auch Zeitschriften kauft sie nicht mehr so oft wie früher, überhaupt gibt sie heute fast kein Geld mehr aus für Sachen, die sie irgendwo sieht und die ihr gefallen – solche Spontankäufe hat sie früher oft gemacht, besonders bei Kleidern. „Heute denke ich bei Kleidung lieber dreimal nach. Ich kaufe viel weniger, dafür aber bessere Qualität."

Urlaub? Ja, Urlaub möchte sie schon machen, unbedingt. Dieses Jahr fährt sie mit ihrem Freund in die Toskana. Das kostet 500,– DM pro Woche. „Das Geld habe ich mir von meinem Vater geliehen." Einen Führerschein hat sie noch nicht, den möchte sie gerne im nächsten Jahr machen. Hat sie dann auch Geld für ein Auto? „Für ein neues bestimmt nicht, aber vielleicht für einen älteren und noch guten VW."

Hat Susanne sich in letzter Zeit besonders über Preiserhöhungen geärgert? „Ja, allerdings! Das Kantinenessen ist um 7,5 Prozent teurer geworden – und um null Prozent besser…"

Netto: 2.000,– DM

Ria Ludwig: „Im Restaurant essen, das kann ich nie."

Netto: 1.900,– DM

Familie Bohlmann: „Kinderschuhe sind viel zu teuer."

Sie genug?

Ria Ludwig aus Hamburg, 27 Jahre alt, ist geschieden und hat ein Kind. Julia heißt das Mädchen, es ist drei Jahre alt. Ria Ludwig war früher Erzieherin in einem Kindergarten, und jetzt studiert sie Sozialpädagogik. Sie bekommt eine staatliche Studienhilfe von 698,– DM pro Monat. 254,– DM Wohngeld von der Stadt, und Julias Vater bezahlt 254,– DM pro Monat für das Kind. Ria hat also netto fast 1200,– DM. Davon muß sie jeden Monat bezahlen:

Miete:	460,– DM	Kredit:	168,– DM
Gas und Heizung:	134,– DM	Fahrgeld:	44,– DM
Kindergarten:	30,– DM	Schwimmverein:	15,– DM
Krankenkasse:	55,– DM	Telefon:	60,– DM

Also bleiben zum Leben 234,– DM. Geht das überhaupt? Ria Ludwig: „Zum Glück kann Julia nachmittags bei meinen Eltern sein. Und meine Schwester ist ganz lieb, die räumt immer wieder mal den Kleiderschrank aus und gibt mir die Sachen, die sie nicht mehr mag. Aber manchmal ist die Situation wirklich sehr schlimm. Dann muß ich mir Geld von Freunden leihen." Fleisch gibt es nur sehr selten, auch Kino und Theater ist für Ria ein Luxus. Lebensmittel kauft sie immer im billigsten Supermarkt, und im Herbst fragt sie Freunde und Bekannte, ob sie aus ihren Gärten Obst und Gemüse bekommen kann. Besonders ältere Menschen sind froh, wenn man ihnen das Obst von den Bäumen holt. In den Ferien arbeitet Ria immer im Kindergarten. Das hilft dann auch ein bißchen. „Manchmal", sagt Ria, „möchte ich am liebsten mit dem Studium aufhören und wieder richtig Geld verdienen. Immer sparen macht wirklich keinen Spaß."

Roland Bohlmann ist 33 Jahre alt und von Beruf Maschinenschlosser. Erika Bohlmann, 30 Jahre, hat Krankenschwester gelernt, kann und will aber wegen der Kinder (Kristina, vier, und das Baby, das unterwegs ist und natürlich noch keinen Namen hat) im Moment nicht arbeiten. Roland verdient 1950,– DM netto. Dazu kommen 50,– DM Kindergeld. Die Bohlmanns haben also pro Monat 2000,– DM. Feste Ausgaben sind:

Miete:	430,– DM	Auto und Benzin:	214,– DM
Nebenkosten:	67,– DM	Gewerkschaft:	24,– DM
Gas und Strom:	210,– DM	Telefon:	40,– DM

Es bleiben zum Leben ungefähr 1000,– DM. Für Lebensmittel braucht Erika Bohlmann 600,– DM. Sie sagt: „Das ist einfach nicht genug. Wir brauchen fast jeden Monat einen kleinen Kredit." Wann waren die Bohlmanns das letzte Mal in einem Restaurant essen? Sie müssen lange nachdenken: „Vor zwei oder drei Jahren…" Erika Bohlmann kauft immer Sonderangebote, und Kleider für sich selbst nur ganz selten. Verwandte und Freunde schenken ihnen manchmal Kleidung für die Tochter. Ein großes Problem aber sind die Kinderschuhe. Erika: „Die wächst jetzt so schnell, bald braucht sie dreimal pro Jahr neue Schuhe, und die sind wirklich viel zu teuer." Seit Kristina da ist, haben die Bohlmanns keinen Urlaub mehr gemacht. Im Sommer sind sie oft die einzigen, die zu Hause bleiben müssen. „Das ist ein komisches Gefühl. Früher sind wir immer ins Ausland gefahren. Da hatten wir eben noch das Gehalt von meiner Frau," sagt Roland Bohlmann. Aber Erika will erst wieder arbeiten, wenn beide Kinder in der Schule sind.

Lektion 5

B1
WS

1. Was findet man gewöhnlich bei anderen Menschen positiv oder negativ?
Ordnen Sie die Wörter (−/+). Schreiben Sie dann das Gegenteil dazu.

a) attraktiv	c) langweilig	e) sympathisch	g) pünktlich	i) zufrieden
b) nett	d) höflich	f) freundlich	h) dumm	j) nervös

	−	+		−	+
a)	_____	_____	f)	_____	_____
b)	_____	_____	g)	_____	_____
c)	_____	_____	h)	_____	_____
d)	_____	_____	i)	_____	_____
e)	_____	_____	j)	_____	_____

B1
WS

2. Ergänzen Sie die Sätze.

sich entschuldigen   sich duschen   anrufen   reden   vergessen   erzählen   ausmachen
telefonieren   anmachen   hängen   wecken

a) Ich habe in meiner neuen Wohnung kein Bad, aber du hast doch eins. Kann ich mich bei dir
_____?

b) Dein Mantel liegt im Wohnzimmer auf dem Sofa, oder er _____ im Schrank.

c) Du hörst jetzt schon seit zwei Stunden diese schreckliche Musik. Kannst du den Plattenspieler nicht mal _____?

d) _____ doch mal das Licht _____. Man sieht ja nichts mehr.

e) Du stehst doch immer ziemlich früh auf. Kannst du mich morgen um 7.00 Uhr _____?

f) Vielleicht kann ich doch morgen kommen. _____ mich doch morgen mittag zu Hause
oder im Büro _____. Dann weiß ich es genau.

g) Du mußt dich bei Monika _____. Du hast ihren Geburtstag _____.

h) Mit wem hast du gestern so lange _____? Ich wollte dich anrufen, aber es war immer besetzt.

i) Klaus ist so langweilig. Ich glaube, der kann nur über das Wetter _____.

j) Sie hat mir viel von ihrem Urlaub _____. Das war sehr interessant.

B1
WS

3. Welches Verb paßt wo? Ergänzen Sie auch selbst Beispiele.

von meiner Schwester   vom Urlaub   mit der Firma Berg   bei Jens   den Apparat
mit Frau Ander   im Betrieb   über Klaus   über die Krankheit   über die Gewerkschaft
die Politik   den Recorder   bei meinem Bruder   den Film   von den Kindern

a) _____ > ausmachen
. . . >

c) _____ > anrufen
. . . >

b) _____ > anmachen
. . . >

d) sich . . . _____ > entschuldigen
. . . >

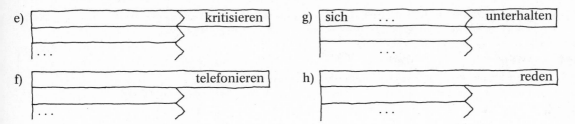

e) kritisieren
...

g) sich ... unterhalten
...

f) telefonieren
...

h) reden
...

4. So können Sie es auch sagen.

a) Ich wollte dich anrufen. Leider hatte ich keine Zeit.
   Leider hatte ich keine Zeit, dich anzurufen.

Ebenso:
b) Immer muß ich die Wohnung allein aufräumen. Nie hilfst du mir.
c) Kannst du nicht pünktlich sein? Hast du das nicht gelernt?
d) Hast du Gaby nicht eingeladen? Hast du das vergessen?
e) Ich lerne jetzt Französisch. Morgen fange ich an.
f) Ich wollte letzte Woche mit Jochen ins Kino gehen, aber er hatte keine Lust.
g) Meine Kollegin konnte mir gestern nicht helfen, weil sie keine Zeit hatte.
h) Mein Bruder wollte mein Auto reparieren. Er hat es versucht, aber es hat leider nicht geklappt.
i) Die Werkstatt sollte den Wagen waschen, aber sie hat es vergessen.

Ihre Grammatik: Ergänzen Sie.

	Inversions-signal	Subjekt	Verb	Subjekt	unbet. obl. Ergänzung	Angabe	obligator. Ergänzung	Verb
a	Leider		hatte	ich	dich		keine Zeit,	anzurufen.
b								
c								
d								

5. Was können Sie auch sagen?

a) *Ich kann Peter nicht leiden.*
   Ⓐ Ich finde Peter unsympathisch.
   Ⓑ Ich kann Peter nicht lieben.
   Ⓒ Ich mag Peter nicht.

b) *Ich habe morgens nie Lust, mich zu waschen.*
   Ⓐ Ich habe morgens kein Wasser im Bad.
   Ⓑ Wasser interessiert mich morgens nicht.
   Ⓒ Ich wasche mich morgens nicht gern.

Lektion 5

c) *Wenn mein Mann ins Bett geht, vergißt er immer, den Fernseher auszumachen.*
   - Ⓐ Wenn der Fernseher an ist, geht mein Mann ins Bett.
   - Ⓑ Wenn mein Mann ins Bett geht, macht er nie den Fernseher aus.
   - Ⓒ Wenn mein Mann fernsieht, vergißt er immer ins Bett zu gehen.

d) *Barbara versucht, ihrem Mann zu gefallen.*
   - Ⓐ Barbara gefällt ihrem Mann.
   - Ⓑ Barbara und ihr Mann sind gefallen.
   - Ⓒ Barbara möchte ihrem Mann gefallen.

e) *Mein Mann verbietet mir, meine Eltern einzuladen.*
   - Ⓐ Ich darf meine Eltern nicht einladen.
   - Ⓑ Meine Eltern wollen uns nicht besuchen.
   - Ⓒ Mein Mann darf meine Eltern nicht besuchen.

f) *Manche Leute kommen immer zu spät.*
   - Ⓐ Wenn die Leute kommen, ist es zu spät.
   - Ⓑ Manche Leute können einfach nicht pünktlich sein.
   - Ⓒ Später kommen viele Leute.

B2 GR

6. Sagen Sie es anders.

a) Meine Freundin glaubt, alle Männer sind schlecht.
   Meine Freundin glaubt, <u>daß alle Männer schlecht sind.</u>
   Ebenso:
b) Ich habe gehört, Inge hat einen neuen Freund.
c) Peter hofft, seine Freundin will bald heiraten.
d) Du hast mich nicht zu deinem Geburtstag eingeladen. Darüber habe ich mich geärgert.
e) Helga hat erzählt, sie hat eine neue Wohnung gefunden.
f) Ich bin überzeugt, es ist besser, wenn man jung heiratet.
g) Frank hat gesagt, er will heute abend eine Kollegin besuchen.
h) Ich meine, man soll viel mit seinen Kindern spielen.
i) Wir wissen, Peters Eltern haben oft Streit.

B2 GR

7. Was ist Ihre Meinung?

a) Geld macht nicht glücklich.
b) Es gibt sehr viele schlechte Ehen.
c) Ohne Kinder ist man freier.
d) Die meisten Männer heiraten nicht gern.
e) Die Liebe ist das Wichtigste im Leben.
f) Reiche Männer sind immer interessant.
g) Schöne Frauen sind meistens dumm.
h) Frauen mögen harte Männer.
i) Man muß nicht heiraten, wenn man Kinder will.

Ich bin überzeugt, daß . . .
Ich glaube (auch), . . .
Ich finde (aber), . . .
Ich meine, . . .
Ich denke, . . .

<u>Ich bin auch überzeugt, daß Geld nicht glücklich macht.</u>
<u>Ich glaube, daß Geld doch glücklich macht.</u>
<u>Ich meine, daß Geld manchmal doch glücklich macht.</u>
<u>Ich denke, daß man ohne Geld auch nicht glücklich ist.</u>

8. ‚Bei‘, ‚nach‘, ‚während‘ oder ‚in‘? Ergänzen Sie. Es können auch zwei Präpositionen passen. Ergänzen Sie auch die Artikel.

a) _____ Hochzeit wollen Elke und ihr Mann nach Südamerika fliegen.

b) Ich konnte dich heute _____ Arbeitszeit nicht anrufen, weil ich nie allein im Büro war.

c) Mein Mann sieht sehr gerne Fußball. _____ Sportsendungen darf ich ihn deshalb nicht stören.

d) _____ Arbeit hat mein Mann meistens keine Zeit, mit den Kindern zu spielen.

e) _____ Abendessen hat er nie Lust, mir in der Küche zu helfen.

f) _____ ersten Zeit haben wir uns gut verstanden, aber dann hatten wir oft Streit.

g) Wenn mein Vater sich _____ Arbeit über seinen Chef geärgert hat, ist er abends immer sehr nervös.

h) Wenn meine Mutter sich nicht wohl fühlt, muß ich gleich _____ Abendessen ins Bett.

i) _____ letzten Woche hat mich meine Schwester besucht.

Ihre Grammatik: Ergänzen Sie. (‚Während‘ können Sie mit dem Dativ und Genitiv gebrauchen.)

der Besuch	die Arbeit	das Abendessen	die Sportsendungen
während dem Besuch (während des Besuchs)	während (während)	( )	( )
beim Besuch	bei		
nach d			
der erste Monat	die letzte Woche	das nächste Jahr	die ersten Jahre
im ersten Monat	in		

9. Was können Sie auch sagen?

a) *Wir haben ähnliche Probleme wie Hans und Gaby.*
   - Ⓐ Hans und Gaby haben sicher auch Probleme.
   - Ⓑ Unsere Probleme sind nicht sehr viel anders als die von Hans und Gaby.
   - Ⓒ Wenn Hans und Gaby Probleme haben, haben wir auch welche.

b) *Am Anfang einer Ehe gibt es oft Geldprobleme.*
   - Ⓐ In den ersten Ehejahren haben viele Paare zu wenig Geld.
   - Ⓑ Eine Ehe fängt oft mit Geldproblemen an.
   - Ⓒ Wenn man heiratet, fangen die Probleme an.

c) *Eva hat gleich nach der Schule geheiratet.*
   - Ⓐ Eva war mit der Schule fertig und hat dann gleich geheiratet.
   - Ⓑ Eva hatte nach der Schule keine Zeit zu heiraten.
   - Ⓒ Eva hat geheiratet, weil sie mit der Schule aufgehört hat.

d) *Ralf möchte entweder eine reiche Frau heiraten oder keine.*
   - Ⓐ Ralf möchte eine reiche Frau haben, aber das geht nicht.
   - Ⓑ Ralf würde nie eine reiche Frau heiraten.
   - Ⓒ Wenn Ralf keine reiche Frau findet, möchte er gar nicht heiraten.

Lektion 5

e) *Soziologen in Bielefeld haben eine Untersuchung über junge Paare gemacht.*
  Ⓐ Junge Paare haben in Bielefeld Soziologen untersucht.
  Ⓑ Soziologen in Bielefeld haben mit jungen Paaren gesprochen und sie nach ihrem Leben gefragt.
  Ⓒ Soziologen in Bielefeld haben Paare gesucht, aber nicht gefunden.

f) *Ich fühle mich heute nicht sehr wohl.*
  Ⓐ Es geht mir heute nicht sehr gut.
  Ⓑ Ich bin heute sehr krank.
  Ⓒ Ich finde mich heute nicht gut.

g) *Die Großfamilie ist tot.*
  Ⓐ Es gibt heute keine richtigen Großfamilien mehr.
  Ⓑ Unsere Großeltern sind gestorben.
  Ⓒ Früher haben Großeltern, Eltern und Kinder zusammen gewohnt. Das gibt es heute nicht mehr.

h) *Kurt erzählt immer so langweilig. Ich kann ihm einfach nicht zuhören.*
  Ⓐ Wenn Kurt erzählt, höre ich schlecht.
  Ⓑ Wenn Kurt erzählt, denke ich an etwas anderes.
  Ⓒ Ich finde es langweilig, Kurt zuzuhören.

B3 WS

10. Ergänzen Sie.

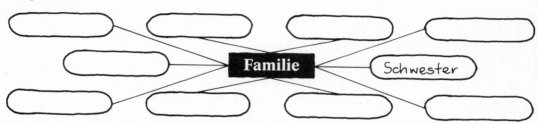

B3 WS

11. Welches Wort paßt wo? Ergänzen Sie.

ausziehen	deutlich	allein	Wunsch	Sorge	anziehen	unbedingt	verschieden
aufpassen	damals	Besuch	früh	hart		schließlich	

a) Obwohl sie Schwestern sind, sehen beide sehr _____ aus.

b) Wir warten schon vier Stunden auf dich. Wir haben uns _____ gemacht. Warum hast du nicht angerufen?

c) Was kann ich Holger und Renate zur Hochzeit schenken? Haben sie einen besonderen _____?

d) Rainer und Nils sind Brüder, das sieht man sehr _____.

e) Vor hundert Jahren waren die Familien noch größer. _____ hatte man mehr Kinder.

f) Wenn ihre Mutter nicht zu Hause ist, muß Andrea auf ihren kleinen Bruder _____.

g) Michael ist erst vier Jahre alt, aber er kann sich schon alleine _____ und _____.

h) Weil viele alte Leute wenig _____ bekommen, fühlen sie sich oft _____.

i) Ulrike bekam sehr _____ ein Kind, schon mit 17 Jahren. Zuerst konnten ihre Eltern das nicht verstehen, aber _____ haben sie ihr doch geholfen. Denn für Ulrike war die Zeit mit dem kleinen Kind am Anfang sehr _____.

j) Ulrike wollte schon als Schülerin _____ anders leben als ihre Eltern.

12. Im Gespräch verwendet man im Deutschen meistens das Perfekt und nicht das Präteritum. ‚Erzählen' Sie deshalb in dieser Übung von Adele, Ingeborg und Ulrike im Perfekt. Verwenden Sie das Präteritum nur für die Verben ‚sein', ‚haben', ‚dürfen', ‚sollen', ‚müssen', ‚wollen' und ‚können'.

B3 GR

a) Maria:
Marias Jugendzeit war sehr hart. Eigentlich hatte sie nie richtige Eltern. Als sie zwei Jahre alt war, ist ihr Vater gestorben. Ihre Mutter hat ihren Mann nie vergessen und hat mehr an ihn...

b) Adele:
Adele hat als Kind...

c) Ingeborg:

d) Ulrike:

13. Sagen Sie es anders.

B3 GR

a) Mein ältester Bruder hat ein neues Auto. Es ist schon kaputt.
Das neue Auto meines ältesten Bruders ist schon kaputt.

Ebenso:
b) Mein zweiter Mann hat eine sehr nette Mutter.
c) Meine neue Freundin hat eine Schwester. Die hat geheiratet.
d) Mein jüngstes Kind hat einen Freund. Leider ist er sehr laut.
e) Meine neuen Freunde haben vier Kinder. Sie gehen schon zur Schule.
f) Ich habe den alten Wagen verkauft, aber der Verkauf war sehr schwierig.
g) Das kleine Kind hat keine Mutter mehr. Sie ist vor zwei Jahren gestorben.
h) In der Hauptstraße ist eine neue Autowerkstatt. Der Chef ist mein Freund.
i) Die schwarzen Schuhe waren kaputt. Die Reparatur hat sehr lange gedauert.

Ihre Grammatik. Ergänzen Sie.

Nomi-nativ	der zweite Mann	die neue Freundin	das jüngste Kind	die neuen Freunde
Genitiv	die Mutter meines zweiten Mannes	die Schwester mein	der Freund mein	die Kinder mein

Nomi-nativ	der alte Wagen	die neue Werkstatt	das kleine Kind	die schwarzen Schuhe
Genitiv	der Verkauf d	der Chef d	die Mutter d	die Reparatur d

Lektion 5

B3
GR

14. Sagen Sie es anders.

a) Meine Eltern haben in Paris geheiratet. Da waren sie noch sehr jung.

Als meine Eltern in Paris geheiratet haben, waren sie noch sehr jung.

Ebenso:

b) Ich war sieben Jahre alt, da hat mir mein Vater einen Hund geschenkt.

c) Vor fünf Jahren hat meine Schwester ein Kind bekommen. Da war sie lange Zeit krank.

d) Sandra hat die Erwachsenen gestört. Trotzdem durfte sie im Zimmer bleiben.

e) Früher hatten seine Eltern oft Streit. Da war er noch ein Kind.

f) Früher war es abends nicht so langweilig. Da haben meine Großeltern noch gelebt.

g) Wir waren im Sommer in Spanien. Das Wetter war sehr schön.

B3
GR

15. Ein Vater erzählt von seinem Sohn. Was sagt er?

schwimmen lernen
vom Fahrrad fallen
~~laufen lernen~~
sich ein Fahrrad wünschen
sich sehr für Politik interessieren
immer nur Unsinn machen
Briefmarken sammeln
heiraten
jeden Tag drei Stunden telefonieren
sich nicht gerne waschen
viel lesen

Als er ein Jahr alt war, hat er laufen gelernt.
Als er drei Jahre alt war, ...
_..._

B3
BD

16. Was können Sie auch sagen?

a) _Als Kind hatte ich nie Lust, früh schlafen zu gehen._

  Ⓐ Als Kind hatte ich nie Zeit, früh schlafen zu gehen.

  Ⓑ Als Kind wollte ich nie früh schlafen gehen.

  Ⓒ Als Kind sollte ich immer früh schlafen gehen.

b) _Mein Vater hat mir immer verboten zu tanzen._

  Ⓐ Mein Vater hat sich immer geärgert, wenn ich tanzen wollte.

  Ⓑ Mein Vater hat immer Angst gehabt, wenn ich tanzen wollte.

  Ⓒ Ich durfte nie tanzen. Mein Vater war dagegen.

c) _Ich habe oft vergessen, mein Zimmer aufzuräumen._

  Ⓐ Ich habe selten geholfen, mein Zimmer aufzuräumen.

  Ⓑ Ich habe mich immer geärgert, daß ich mein Zimmer aufräumen mußte.

  Ⓒ Ich habe oft nicht daran gedacht, mein Zimmer aufzuräumen.

d) _Ich freue mich, wenn man mir in der Küche hilft._

  Ⓐ Ich bin froh, wenn man mir in der Küche hilft.

  Ⓑ Ich vergesse nie, wenn man mir in der Küche hilft.

  Ⓒ Ich ärgere mich, wenn man mir in der Küche nicht hilft.

Alice im Gespräch mit Diplom-Psychologin Cosima Brauneis

Mein Freund wäscht sich zu wenig

<u>Alice (30 Jahre) möchte, daß sich ihr Freund Roland (34 Jahre) jeden Tag wäscht. Sie sagt es ihm jeden Tag wieder, freundlich und unfreundlich, aber es hat keinen Zweck – Roland will nicht. Alice denkt, wenn er mich wirklich liebt, müßte er mir doch diesen kleinen Gefallen tun. Hat sie recht?</u>

Alice: Roland und ich leben seit elf Jahren zusammen. Eigentlich sind wir ja ganz glücklich, wenn nur das Waschproblem nicht wäre. Roland glaubt, daß es genug ist, wenn er alle zwei Tage unter die Dusche geht. Manchmal dauert es auch drei oder vier Tage. Wenn ich dann etwas zu ihm sage, wird er furchtbar ärgerlich und schreit mich an. Ich will doch wirklich nicht viel, seine Kleidung zum Beispiel ist mir ganz egal. Ich will ja keinen schönen Mann, ich will einen sauberen Mann.

C. Brauneis: Was glauben Sie, warum Roland sich nicht öfter waschen will?

Alice: Ich weiß es nicht; vielleicht, weil er es als Kind nicht gelernt hat. Seine Eltern hatten nur eine ganz kleine Wohnung und kein Badezimmer.

C. Brauneis: Und Sie? Warum ist Sauberkeit für Sie so wichtig?

Alice: Vielleicht, weil meine Mutter den ganzen Tag putzt, wäscht und aufräumt. In der Wohnung meiner Eltern kann man vom Boden essen.

C. Brauneis: Und das gefällt Ihnen wirklich?

Alice: Na ja, eigentlich nicht. Aber das will ich ja auch nicht. Ich selbst bin gar keine gute Hausfrau. Meine Fenster zum Beispiel putze ich nur alle acht Wochen. Sauberkeit ist mir nur bei Roland wichtig. Der steht morgens auf und zieht noch im Schlafzimmer seine Kleider an, geht in die Küche, trinkt einen Kaffee und geht aus dem Haus – das Badezimmer hat er gar nicht gesehen. Abends ist es genau dasselbe. Er zieht sich aus und geht ins Bett. Das ist doch nicht normal? Oder?

C. Brauneis: Ich glaube, normal oder nicht, das ist hier nicht die richtige Frage. Wichtig ist nur, daß Rolands Verhalten für Sie ein Problem ist.

Alice: Ja, das stimmt. Manchmal glaube ich, er liebt mich nicht wirklich. Wenn er mich wirklich gern hätte, würde er mir diesen kleinen Gefallen tun. Waschen tut doch nicht weh, und es dauert doch nur zehn Minuten.

C. Brauneis: Was macht Roland denn, wenn Sie ihn um andere Dinge bitten? Sagt er dann auch immer nein?

Alice: Ja, eigentlich schon. Er tut meistens, was er will. An meine Wünsche denkt er selten. Zum Beispiel unsere Wohnung, da haben wir nur die Möbel gekauft, die Roland gefallen. Oder wenn wir ins Kino gehen, bestimmt er, welchen Film wir sehen.

C. Brauneis: Und warum sagen Sie nicht, was Sie wollen?

Alice: Ach, das ist doch nicht so wichtig. Ich möchte keinen Streit.

C. Brauneis: Haben Sie vielleicht Angst vor Streit? Glauben Sie, daß Roland geht, wenn Sie nicht immer tun, was er möchte?

Alice: Ja, ich glaube, da haben Sie recht.

C. Brauneis: Ich meine, das ist das wirkliche Problem in Ihrer Partnerschaft, nicht das Waschen. Sie sollten versuchen, offen mit Roland über Ihre Wünsche zu sprechen. Sagen Sie ihm, was Sie möchten, was Sie brauchen. Wenn Sie nie über die Gründe für diese Streitereien sprechen, dann hört die Liebe natürlich bald einmal auf.

Alice: Über so was sprechen wir wirklich nie, dabei ist das ja eigentlich viel wichtiger. Roland ist es völlig egal, ob ich für ihn koche oder ihn sonstwie verwöhne. Aber für mich bedeutet es Liebe, wenn ich verwöhnt werde, wenn er etwas für mich tut.

C. Brauneis: Sehen Sie, so gibt bei Ihnen jeder dem anderen das, was er eigentlich selbst bekommen möchte, ohne zu wissen, daß der Partner wirklich etwas ganz anderes braucht. Sie sollten unbedingt beginnen, mehr miteinander zu sprechen über das, was Sie vom anderen erwarten. Sonst lieben und streiten Sie weiter aneinander vorbei.

Alice: Ich glaube, das stimmt. Statt Roland dauernd zu sagen, daß er sich waschen soll, wäre es viel wichtiger, ihm zu sagen, daß ich bei anderen Sachen mehr selber bestimmen möchte.

Kinder *und* Beruf – das ist für beide Elternteile möglich. Nur eine Frage muß überzeugend gelöst sein:

Wer paßt au

Großmutter

Vorteile

Ideal, wenn sie im gleichen Haus wohnt oder in der gleichen Stadt. Omas helfen ohne Geld. Sie hatten selbst schon Kinder und haben deshalb Erfahrung in der Kindererziehung. Oft haben sie mehr Geduld als die Eltern.

Nachteile

Viele junge Ehepaare haben Probleme mit ihren Eltern, weil sie endlich selbständig sein möchten. Und bei Oma dürfen die Kinder oft das machen, was ihnen die Eltern verbieten. Das kann Konflikte geben. Viele Omas mögen auch keine Kritik und glauben besser zu wissen, was für die Kinder gut ist.

Kosten

Die meisten Omas wollen kein Geld. Kleine Geschenke sind natürlich immer gut. Vielleicht können Sie es auch so machen: Oma paßt auf die Kinder auf, und Sie kaufen für Oma ein oder fahren mit ihr am Wochenende weg.

Tips

Es muß nicht immer die Oma sein, auch andere Verwandte (Tanten, Großväter, Schwestern) passen vielleicht gern auf Ihre Kinder auf. Fragen Sie auch ältere Freundinnen.

Kindermädchen

Vorteile

Das Kind kann zu Hause bleiben. Auch über Erziehungsfragen gibt es weniger Diskussionen, denn das Kindermädchen wird von Ihnen bezahlt und macht deshalb eher das, was Sie möchten. Besonders leicht finden Sie eine Frau, die ihr eigenes Kind mitbringen darf.

Nachteile

Manche Kindermädchen kündigen plötzlich. Die guten können ziemlich viel verlangen: eigenes Zimmer mit Bad und Fernseher. Das ist für viele Familien zu teuer.

Kosten

Mindestens 1200,– DM pro Monat; dazu Kosten für Essen und Zimmer.

Tips

Achtung: Kindermädchen machen keine Hausarbeit. Nur manchmal waschen sie die Kinderwäsche oder kaufen auch für die Kinder ein. Wenn Ihr Kindermädchen krank wird, können Sie Geld von der Krankenkasse bekommen. Nehmen Sie keine zu jungen Kindermädchen, sie haben meistens zu wenig Erfahrung. Bleiben Sie am Anfang ein paar Tage zu Hause, damit Ihr Kind die fremde Person mit Ihnen zusammen kennenlernt.

Au-pair-Mädchen

Vorteile

Au-pair-Mädchen aus dem Ausland bekommen neben Essen und Zimmer nur ein Taschengeld. Wenn Sie ältere Kinder haben, können diese vielleicht auch die Sprache Ihres Au-pair-Mädchens lernen. Wenn Sie Glück haben, ist Ihr Au-pair-Mädchen auch abends öfter zu Hause. Dann können Sie ins Kino gehen oder Freunde besuchen.

Nachteile

Die Mädchen sind oft noch sehr jung und manchmal selbst noch wie Kinder. Einige haben Heimweh und sind im fremden Land nicht sehr glücklich. Au-pair-Mädchen dürfen nur sechs Stunden leichte Hausarbeit machen und bleiben höchstens ein Jahr.

Kosten

Neben einem Taschengeld von 250,– bis 300,– DM müssen Sie etwa 40,– DM für eine Unfall- und Krankenversicherung bezahlen. Manchmal kommen noch die Kosten für die Hin- und Rückfahrt dazu.

Tips

Nehmen Sie ein Mädchen, das jüngere Geschwister hat. Vermittlung: Zentralstelle für Internationale Arbeitsvermittlung, 6000 Frankfurt, Feuerbachstraße 42. Diese Organisation hilft Ihnen auch bei Problemen mit Behörden.

nsere Kinder auf?

Tagesmutter

Vorteile

Tagesmütter nehmen Ihr Kind in ihre eigene Wohnung und haben selbst auch eigene Kinder. Wenn Sie nur ein Kind haben, hat Ihr Sohn oder Ihre Tochter am Tage Geschwister. Tagesmütter finden Sie oft in der Nachbarschaft. Sie müssen also nicht lange fahren oder laufen, um Ihr Kind hinzubringen und abzuholen.

Nachteile

Auch Tagesmütter können plötzlich krank werden. Wenn Sie den ganzen Tag arbeiten, kann das ein großes Problem sein. Vielleicht versteht sich Ihr Kind auch nicht mit den Kindern der Tagesmutter. Sie hat manchmal auch einen ganz anderen Erziehungsstil als Sie.

Kosten

Pro Monat zwischen 280,– und 500,– DM. Manchmal bekommen Sie auch etwas Geld vom Jugendamt dazu.

Tips

Die Kinder der Tagesmutter sollten nicht sehr viel älter oder jünger sein als Ihr Kind. Wichtig ist, daß die Tagesmutter Ihr Kind wirklich mag. Wenn Sie merken, daß die Tagesmutter nur am Geld interessiert ist, sollten Sie eine andere Lösung finden. Informationen: Bundesverband der Tagesmütter, Brigitte Jacobs, An der Listerkirche 1, 3000 Hannover 1.

Kinderkrippe

Vorteile

Kinderkrippen haben meistens sehr lange auf. Auch wenn Sie morgens sehr früh arbeiten müssen oder spät am Abend, können Sie Ihre Kinder bringen. Krippen nehmen Kinder schon, wenn sie acht Wochen alt sind. Der Kontakt mit anderen Kindern macht schon sehr kleinen Kindern Spaß.

Nachteile

Wegen der langen Öffnungszeiten arbeiten pro Tag zwei oder drei verschiedene Frauen in einer Kindergruppe. Das kann für Ihr Kind ein Problem sein, wenn es immer wieder fremde Personen sieht. Oft sind auch die Kindergruppen sehr groß, und das Personal hat deshalb wenig Zeit für die einzelnen Kinder. Außerdem hat das Personal meistens keine gute Ausbildung.

Kosten

Die Kosten sind unterschiedlich. Sie sind abhängig von Ihrem Gehalt. Höchstens jedoch 400,– DM pro Monat.

Tips

Über Kinderkrippen informiert der Deutsche Paritätische Wohlfahrtsverband, Heinrich-Hoffmann-Straße 215, 6000 Frankfurt, aber auch die Jugendämter der Städte und Gemeinden. Eine gute Kinderkrippe sollte regelmäßig Elternabende machen und nicht mehr als acht bis zehn Kinder haben.

Kindergarten

Vorteile

Der Kindergarten ist besonders wichtig, wenn Sie nur ein Kind haben. Hier hat Ihr Kind Kontakt mit anderen Kindern, kann spielen und bekommt eine gute Vorbereitung für die Schule. Viele Kindergärten nehmen schon Kinder ab drei Jahren. Das Personal hat meistens eine gute Ausbildung.

Nachteile

Nur für 80% aller Kinder gibt es einen Platz im Kindergarten. Wenn Sie in einer Kleinstadt oder auf dem Land wohnen, ist es besonders schwierig, einen Platz zu bekommen. Viele Kindergärten sind nur morgens geöffnet. Wenn Sie arbeiten, kann das natürlich ein Problem sein. Die Kindergärten verlangen, daß Ihr Kind selbständig zur Toilette gehen kann. Viele Kindergärten sind kirchlich, Ihr Kind bekommt dort also auch eine religiöse Erziehung. Manchmal mehr, als Sie vielleicht wünschen.

Kosten

Je nach Ihrem Gehalt und sehr verschieden: zwischen 50,– DM und 250,– DM.

Tips

Melden Sie Ihr Kind schon sehr früh im Kindergarten an. Dann haben Sie bessere Chancen, einen Platz zu bekommen. Am Anfang hat Ihr Kind vielleicht Angst, gehen Sie dann mit in den Kindergarten.

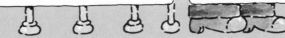

Lektion 6

1. Ergänzen Sie.

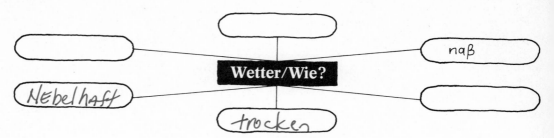

Wetter/Wie?

naß

Nebelhaft

trocken

2. Was paßt? Ergänzen Sie.

a) Schnee: _kalt_

b) Nebel: _dicht_ , _kalt_

c) Sonne: _scheint_ , _heiß_ , _glänzen_
   hell,

d) Regen: _NAß_ , _____

e) Eis: _kalt_ _gefro_

f) Wind: _stark_ , _____ , _____

3. Ordnen Sie.

Landschaft/Natur	Wetter

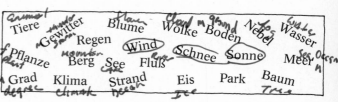

Tiere Gewitter Blume Wolke Boden Nebel Wasser

Pflanze Regen Wind Schnee Sonne Meer

Berg See Fluß

Grad Klima Strand Eis Park Baum

4. Ergänzen Sie.

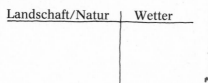

No

Westen

osten

Süden

5. Ergänzen Sie.

a) Juni, Juli, August =
   Somm

b) September, Oktober, November =
   Herbst

c) Dezember, Januar, Februar =
   Winter

d) März, April, Mai = _frühling_

6. Ergänzen Sie.

spät am Abend   früh am Morgen   am Nachmittag   am Mittag   in zwei Tagen
   vor zwei Tagen

a) vorgestern – _____

b) spät abends – _____

c) mittags – _____

d) übermorgen – _____

e) früh morgens – _____

f) nachmittags – _____

7. Was paßt?

am frühen Nachmittag	am späten Nachmittag	früh morgens	gegen Mittag
früh abends	am frühen Vormittag	spät abends	gegen Abend

a) 11.42 Uhr – gegen Mittag _____

b) 18.30 Uhr – _____

c) 23.10 Uhr – _____

d) 13.34 Uhr – _____

e) 17.05 Uhr – _____

f) 6.28 Uhr – _____

g) 8.15 Uhr – _____

h) 18.05 Uhr – _____

8. Ergänzen Sie.

Heute ist Sonntag. Dann ist (war)

a) gestern mittag: Samstag mittag _____

b) vorgestern mittag: _____

c) übermorgen abend: _____

d) morgen abend: _____

e) morgen nachmittag: _____

f) gestern morgen: _____

9. Sagen Sie es anders. Verwenden Sie die folgenden Wörter:

es gibt	es schneit	es geht	es regnet	es klappt

a) Man kann heute nicht segeln. Der Regen ist zu stark.

Man kann heute nicht segeln. Es regnet zu stark. _____

Ebenso:

b) Das feuchte Wetter macht ihn krank. Er fühlt sich nicht gut.

c) Petra kann ihre Schwester heute nicht besuchen, weil sie länger arbeiten muß. Vielleicht kann sie morgen.

d) Wir können am Wochenende Ski fahren. In den Alpen liegt genug Schnee.

e) Der Regen hat aufgehört. Wir können jetzt schwimmen gehen.

f) Morgen nachmittag kann ich leider nicht, da muß ich in die Schule gehen.

g) Können Sie bis morgen fertig sein? Ich brauche den Wagen unbedingt.

h) Meine Freundin kommt aus Bombay. Dort kennt man keinen Schnee.

10. Die Pronomen 'er', 'sie' und 'es' bedeuten in einem Text gewöhnlich ganz bestimmte Sachen, zum Beispiel 'der Film' = 'er', 'die Rechnung' = 'sie' oder 'das Hotel' = 'es'. Das Pronomen 'es' kann aber auch eine allgemeine Sache bedeuten, zum Beispiel 'Es ist sehr kalt hier.' oder 'Es schmeckt sehr gut.' Ergänzen Sie in den folgenden Sätzen die Pronomen 'er', 'sie' und 'es' oder das allgemeine Pronomen 'es'.

a) Wie hast du die Suppe gemacht? Sie _____ schmeckt ausgezeichnet.

b) Dein Mann kocht wirklich sehr gut. Es _____ schmeckt phantastisch.

c) Seit drei Tagen nehme ich Tabletten. Trotzdem tut _____ noch sehr weh.

d) Ich kann seit drei Tagen mit dem rechten Arm nicht arbeiten. _____ tut sehr weh.

e) Ich habe die Rechnung geprüft. _____ stimmt ganz genau.

f) Du kannst mir glauben, _____ stimmt ganz genau.

g) Sie brauchen keinen Schlüssel. _____ ist immer auf.

Lektion 6

h) Es gibt keinen Schlüssel für diese Tür. _____ ist immer auf.

i) Morgen kann ich kommen. _____ paßt mir sehr gut.

j) Dieser Termin ist sehr günstig. _____ paßt mir sehr gut.

k) Der Spiegel war nicht teuer. _____ hat nur 14,– DM gekostet.

l) Ich habe nicht viel bezahlt. _____ hat nur 14,– DM gekostet.

m) Können Sie bitte warten? _____ dauert nur noch 10 Minuten.

n) Der Film ist gleich zu Ende. _____ dauert nur noch 10 Minuten.

B1
GR

11. Schreiben Sie.

a) Andrew Stevens aus England
   - schreibt an seinen Freund John
   - arbeitet seit 6 Monaten in München
   - Wetter: Föhn oft schlimm
   - Kopfschmerzen bekommen
   - nicht in die Firma gehen können
   - sich auf England freuen

Schreiben Sie auch zwei Karten.

Verwenden Sie die Wörter
,hier', ,so . . . daß', ,dann' und
,deshalb'.

Lieber John,
ich bin jetzt seit sechs Monaten in München. Hier ist der Föhn oft so schlimm, daß ich starke Kopfschmerzen bekomme. Dann kann ich nicht in die Firma gehen. Deshalb freue ich mich, wenn ich wieder zu Hause in England bin.

Viele Grüße
Dein Andrew

b) Herminda Victoria aus Mexiko
   - schreibt an ihre Mutter
   - studiert seit 8 Wochen in Bielefeld
   - Wetter: kalt und feucht
   - ist oft stark erkältet
   - muß viele Medikamente nehmen
   - fährt in den Semesterferien zwei Monate nach Spanien

c) Benno Harms aus Gelsenkirchen
   - schreibt an seinen Freund Kurt
   - ist Lehrer an einer Technikerschule in Bombay
   - Klima: feucht und heiß
   - bekommt oft Fieber
   - kann oft nichts essen und nicht arbeiten
   - möchte wieder zu Hause arbeiten

B1
BD

12. Was können Sie auch sagen?

a) *Ich muß heute mit meiner Tochter einen Schneemann machen. Das habe ich ihr versprochen.*
   - Ⓐ Ich spreche heute mit ihr über den Schneemann.
   - Ⓑ Ich habe ihr gesagt, daß wir heute ganz bestimmt einen Schneemann machen.
   - Ⓒ Ich mache heute mit ihr vielleicht einen Schneemann.

b) *So spät abends gibt es keinen Wetterbericht mehr.*
   - Ⓐ Den Wetterbericht gibt es abends immer sehr spät.
   - Ⓑ Wenn es schon sehr spät abends ist, gibt es keinen Wetterbericht mehr.
   - Ⓒ Es ist noch früh. Der Wetterbericht kommt erst spät abends.

c) *Der Regen hört allmählich auf.*
  Ⓐ Ich kann den Regen schon hören.
  Ⓑ Es regnet nicht mehr.
  Ⓒ Der Regen hört langsam auf.

d) *Wir haben hier ein ziemlich trockenes Klima.*
  Ⓐ Hier ist es nicht oft trocken.
  Ⓑ Hier regnet es sehr wenig.
  Ⓒ Wir kennen keinen Regen.

e) *Ich war heute noch nicht draußen.*
  Ⓐ Ich war heute noch nicht vor der Tür.
  Ⓑ Ich bin heute noch nicht gelaufen.
  Ⓒ Ich muß zu Hause bleiben.

f) *Du kannst die Hose nicht anziehen. Sie ist noch feucht.*
  Ⓐ Die Hose ist noch nicht ganz trocken.
  Ⓑ Die Hose ist naß.
  Ⓒ Die Hose ist ziemlich kühl.

13. Schreiben Sie einen Dialog.

B1
BD

Weil wir doch morgen meine Eltern besuchen.
Da muß das Auto doch sauber sein.

Meinetwegen, wenn du unbedingt eine Erkältung bekommen willst.

Das glaube ich nicht.

Trotzdem, ich wasche jetzt das Auto.
Der Regen macht mir nichts.

Was willst du denn jetzt machen?

Warum das denn?

Dann wasch es lieber später.
Es regnet gleich.

Das Auto waschen.

Doch, schau doch mal die schwarzen Wolken an.

○ Was willst du denn jetzt machen? _____
□ _____
○ _____
□ _____
○ _____
□ _____
○ _____
□ _____
○ _____

71

Lektion 6

14. Was paßt wo? Ordnen Sie.

selten   nie   ~~im Winter~~   bald   nachts   ein paar Minuten   kurze Zeit   oft
vorige Woche   den ganzen Tag   einige Jahre   damals   vorgestern   jetzt   früher
letzten Monat   am Abend   nächstes Jahr   immer   früh morgens   heute   sofort
jeden Tag   gegen Mittag   gleich   um 8 Uhr   am Nachmittag   wenige Monate   nachher
heute abend   diesen Monat   fünf Stunden   am frühen Nachmittag   meistens

Wann?	Wie oft?	Wie lange?
im Winter		

15. Ihre Grammatik. Ergänzen Sie die Zeitangaben im Akkusativ.

der Monat	die Woche	das Jahr
den ganz_en___ Monat	die ganz_____ Woche	das ganz_____ Jahr
letzt_____ Monat	letzt_____ Woche	letzt_____ Jahr
vorig_____ Monat	vorig_____ Woche	vorig_____ Jahr
nächst_____ Monat	nächst_____ Woche	nächst_____ Jahr
jed_____ Monat	jed_____ Woche	jed_____ Jahr
dies_____ Monat	dies_____ Woche	dies_____ Jahr

16. Wann ist das? Wann war das? Schreiben Sie.

Heute ist der 13. Oktober 1984.

a) November 1984? _nächsten Monat_
b) 1985? _____
c) 20. Oktober 1984? _____

d) 1983? _____
e) September 1984? _____
f) 15. Oktober 1984? _____

17. Wo möchten die Leute wohnen/leben? Schreiben Sie.

a)

Ich möchte an einem See wohnen, . . .

. . . nicht sehr tief ist. (1)
. . . nur wenig Leute kennen. (2)
. . . man segeln kann. (3)
. . . man gut schwimmen kann. (4)

. . . Wasser warm ist. (5)
. . . es viele Fische gibt. (6)
. . . es keine Hotels gibt. (7)
. . . es mittags immer Wind gibt. (8)

b)

Ich möchte auf einer Insel leben, . . .

. . . ganz allein im Meer liegt
. . . keinen Flughafen hat.
. . . nur wenig Menschen wohnen.
. . . es keine Industrie gibt.

. . . man nur mit einem Schiff kommen kann.
. . . Strand weiß und warm ist.
. . . es noch keinen Namen gibt.
. . . immer die Sonne scheint.

c)

Ich möchte in einem Land leben, . . .

. . . schöne Landschaften hat.
. . . das Klima trocken und warm ist.
. . . Sprache ich gut verstehe.
. . . die Luft noch sauber ist.

. . . man keinen Regenschirm braucht.
. . . sich alle Leute wohl fühlen.
. . . man immer interessant findet.
. . . Leute freundlich sind.

d)

Ich möchte in Städten wohnen, . . .

. . . viele Parks haben.
. . . Straßen nicht so groß sind.
. . . noch Straßenbahnen haben.
. . . ein großer Fluß fließt.

. . . viele Brücken haben.
. . . man nachts ohne Angst spazierengehen kann.
. . . sich die Touristen nicht interessieren.
. . . man sich frei fühlt.

an dem	auf dem	über der	deren	dessen	den	für die
durch die	zu der		in denen	die	der	in dem
für das	auf der	denen				das

a) Ich möchte an einem See wohnen, der nicht sehr tief ist.
    , den nur wenig Leute kennen.
    , auf

Lektion 6

Ebenso b–d

b) _____
_____
_____
_____
_____
_____
_____
_____
_____

c) _____
_____
_____
_____
_____
_____
_____
_____

d) _____
_____
_____
_____
_____
_____
_____
_____
_____

Ihre Grammatik: Ergänzen Sie die Sätze (1)–(8) aus a).

	Inversions-signal	Subjekt	Verb	Subjekt	unb. obl. Ergänzung	Angabe	obligator. Ergänzung	Verb
1		Ich	möchte				an einem See	wohnen,
2								
3								
4								
5								
6								
7								
8								

18. Ergänzen Sie ‚zum Schluß‘, ‚deshalb‘, ‚denn‘, ‚also‘, ‚dann‘, ‚übrigens‘, ‚und‘, ‚da‘, ‚trotzdem‘ und ‚aber‘.

B2/3
GR

Warum nur Sommerurlaub an der Nordsee?

Auch der Herbst ist schön. Es ist richtig, daß der Sommer an der Nordsee besonders schön ist. _____ kennen Sie auch schon den Herbst bei uns? _____ gibt es sicher weniger Sonne, und baden können Sie auch nicht. _____ gibt es nicht so viel Regen, wie Sie vielleicht glauben. Natur und Landschaft gehören Ihnen im Herbst ganz allein, _____ die meisten Feriengäste sind jetzt wieder zu Hause. Sie treffen _____ am Strand nur noch wenige Leute, _____ in den Restaurants und Hotels haben die Bedienungen wieder viel Zeit für Sie. Machen Sie _____ auch einmal Herbsturlaub an der Nordsee. _____ sind Hotels und Pensionen in dieser Zeit besonders preiswert. _____ noch ein Tip: Herbst bedeutet natürlich auch Wind. _____ sollten Sie warme Kleidung nicht vergessen.

19. Was können Sie auch sagen?

B2/3
BD

a) *Was ist los mit den Bäumen?*
   - Ⓐ Was haben die Bäume?
   - Ⓑ Was machen die Bäume?
   - Ⓒ Was passiert mit den Bäumen?

b) *Das Wasser ist giftig.*
   - Ⓐ Es ist gefährlich, das Wasser zu trinken.
   - Ⓑ Es ist Gift im Wasser.
   - Ⓒ Das Wasser hat eine Krankheit.

c) *Kalte Polarluft bestimmt das Wetter morgen.*
   - Ⓐ Morgen kann man das Wetter nicht bestimmen.
   - Ⓑ Die Luft am Nordpol ist bestimmt kalt.
   - Ⓒ Luft vom Nordpol macht das Wetter morgen kälter.

d) *Was ist die Ursache dieser Krankheit?*
   - Ⓐ Wie heißt diese Krankheit?
   - Ⓑ Woher kommt diese Krankheit?
   - Ⓒ Wie kann man diese Krankheit erklären?

e) *Bleiben Sie auf den Waldwegen!*
   - Ⓐ Gehen Sie im Wald nicht weg!
   - Ⓑ Laufen Sie im Wald nur auf den Wegen!
   - Ⓒ Benutzen Sie im Wald nur die Wege.

f) *Was der Wetterbericht schon sagt...!*
   - Ⓐ Dem Wetterbericht kann man doch nicht glauben!
   - Ⓑ Der Wetterbericht hat schon recht!
   - Ⓒ Der Wetterbericht ist doch langweilig!

WO KÖNNEN KINDER HEUTE NOCH SPIELEN?

Es gibt immer weniger Platz für Kinder. Die meisten Wohnungen sind zu klein, und die Straßen gehören den Autos. Wo also sollen unsere Kinder spielen? Natürlich gibt es Kinderspielplätze, aber wie sieht es dort aus? Viele Spielplätze sind schmutzige Hundetoiletten! Sie sind eine Gefahr für die Gesundheit unserer Kinder. Denn kleine Kinder nehmen alles in den Mund und auch die größeren können nicht immer aufpassen. Aber den Hundebesitzern ist das egal. Die meisten wissen bestimmt, daß Hunde auf Spielplätzen verboten sind. Deshalb kommen sie mit ihren Hunden früh morgens oder abends, wenn niemand da ist. Viele meinen auch, daß sie alles dürfen, weil sie Hundesteuer bezahlen. Aber es gibt klare gesetzliche Regeln:

---

1. Hunde dürfen nicht auf Kinderspielplätze.
   Bußgeld: 10.- bis 20.- DM. §§ 2/II Nr. 6,9 Grünanlagensatzung
2. In öffentlichen Parks dürfen Hunde nicht frei laufen.
   Bußgeld: 5.- bis 10.- DM. §§ 3,4/I Reinhaltungsverordnung
3. Hundebesitzer müssen den Kot ihrer Hunde beseitigen.
   Bußgeld: 10.- bis 20.- DM. §§ 1,4/I,18/I,Nr.1 Abfallbeseitigungsgesetz

---

München, die Stadt mit 'Herz', sollte auch ein Herz für Kinder und nicht nur für Hunde haben. Unterstützen Sie deshalb unsere Aktion.

Wir Münchener Eltern fordern:

- Keine Hunde auf Spielplätzen und Parkwiesen!

- Große Verbotsschilder in Parks und auf Spielplätzen!

- Kontrolle der Verbote durch Polizei oder Angestellte der Stadt!

- Höhere Geldbußen!

- Hygienische Kontrollen der Spielplätze durch das Gesundheitsamt!

Bitte unterschreiben Sie unsere Liste.
V.i.S.d.P. Angela und Peter Künzel, Mozartstraße 121, 8000 München 80

Bio-Rhythmus: Die guten und die schlechten Stunden

Warum ist man am Nachmittag immer müde? Warum schmeckt ganz früh morgens das Frühstück noch nicht? Warum kann man sich am Vormittag am besten konzentrieren? – Jeder Mensch hat in seinem Körper eine Uhr eingebaut, eine biologische Uhr. Sie funktioniert nicht bei jedem genau gleich, aber die meisten Menschen haben tatsächlich ihre guten und schlechten Stunden – alle zur gleichen Tages- oder Nachtzeit!

24.00 Uhr
Ein Essen um diese Zeit kann viel Spaß machen, aber gesund ist es nicht. Ihr Magen arbeitet jetzt nicht gerne.

2.00 Uhr
Zahnschmerzen sind jetzt am schlimmsten. Jetzt fühlen Sie Schmerzen am stärksten.

22.00 Uhr
Wenn Sie etwas lernen müssen, ist jetzt die beste Zeit. Denn Ihr Gedächtnis arbeitet besonders gut.

4.00 Uhr
Um diese Zeit mag Ihr Körper Kälte am wenigsten. Sie frieren besonders leicht.

20.00 Uhr
Die beste Zeit für Sport. Training ist besonders effektiv. Der Körper wird sehr schnell fit.

6.00 Uhr
Jetzt haben viele Männer Lust auf Liebe. Der Körper produziert jetzt die meisten Sexualhormone.

8.00 Uhr
Das ist eine gute Zeit für eine Autofahrt. Denn sie können sich jetzt gut konzentrieren.

18.00 Uhr
Wenn Sie chronische Schmerzen haben, dann brauchen Sie jetzt viel weniger Tabletten. Schmerzen fühlt man zu dieser Tageszeit am wenigsten.

10.00 Uhr
Die beste Zeit für schwierige Arbeiten. Kopf und Körper sind jetzt besonders fit.

16.00 Uhr
Jetzt sind Sie meistens sehr müde. Jetzt würde eine kalte Dusche helfen.

12.00 Uhr
Das ist die beste Zeit für Ihr Herz. Auch wenn Ihr Herz krank ist, funktioniert es jetzt besser als zu jeder anderen Tageszeit.

14.00 Uhr
Jetzt ist der Blutdruck am niedrigsten. Machen Sie in dieser Zeit keine wichtigen Arbeiten.

Lektion 7

1. Was paßt nicht?

a) Handtuch – Wolldecke – Pflaster – Bettuch
b) Visum – Paß – Ausweis – Fahrplan
c) Bleistift – Schlüssel – Schreibmaschine – Kugelschreiber
d) Salz – Topf – Dose – Glas
e) Metall – Seife – Plastik – Wolle
f) Schnaps – Bier – Milch – Wein
g) Seife – Zahnpasta – Medikament – Zahnbürste
h) Paß – Krankenschein – Ausweis – Visum
i) Licht – Öl – Gas – Benzin
j) Apotheke – Versicherung – Medikamente – Pflaster
k) Bett – Bettuch – Decke – Zimmer

2. Was paßt zusammen? Ergänzen Sie.

Schirm	Versicherung	Hotelzimmer	Auto	Koffer	Hemd	Haus	Gas	Heizung
Grenze	Ofen	Flasche Schnaps	Tasche	Radio	Telefonbuch	Motor	...

(Suchen Sie noch mehr Wörter.)

a)
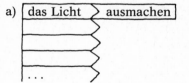
das Licht ausmachen

b)
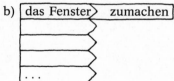
das Fenster zumachen

c)
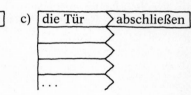
die Tür abschließen

3. Welche Wörter kennen Sie? Vergleichen Sie den Schlüssel zu dieser Übung.

ab	-arbeiten	-passen
an	-bilden	-räumen
auf	-bringen	-rufen
aus	-fahren	-schauen
ein	-fangen	-schlafen
mit	-geben	-schlagen
vor	-gehen	-schleppen
zu	-hängen	-schließen
	-holen	-schreiben
	-hören	-sehen
	-kaufen	-singen
	-kommen	-spielen
	-laden	-stehen
	-machen	-stellen
	-nehmen	-wählen
	-packen	-ziehen

abfahren
anfangen
...

4. Sagen Sie es anders.

B1
GR

a) Eva darf nie im Büro telefonieren. Ihr Chef will das nicht.

Ihr Chef läßt sie nie telefonieren.

Ebenso:

b) Charlotte möchte gern allein Urlaub machen, aber ihre Eltern verbieten es.

c) Herr Traber kocht sehr gern, aber seine Frau macht das Essen lieber selbst.

d) Rolf möchte aufs Gymnasium gehen. Seine Mutter ist einverstanden.

e) Herr Moser geht zum Tierarzt. Dort wird seine Katze geimpft.

f) Die Autowerkstatt hat heute viele Kunden. Ich muß lange warten.

g) Familie Behrens hat einen Hund. Gisela darf mit ihm spielen.

h) Ingrid hat keine Zeit, ihre Wäsche zu waschen. Sie bringt sie in die Reinigung.

i) Heinz will schlafen, aber Herbert stört ihn immer.

j) Herr Siemens fährt nicht gern Auto. Er findet es besser, wenn seine Frau fährt.

k) Fritz trinkt gern Kaffee, aber seine Eltern finden das ungesund.

l) Werner repariert sein Auto nicht selbst. Er bringt es in die Werkstatt.

5. Ergänzen Sie ‚nicht', ‚–', ‚kein(e)(n)', ‚ein(e)(n)', ‚nichts'.

B1
GR

a) Auf dem Mond braucht man _____ Kompaß.

_____ Reiseschecks kann man dort _____ verwenden.

Und mit _____ Streichhölzern kann man auch _____ machen.

b) Auf einer Insel kann man bestimmt _____ Telefonbuch gebrauchen.

_____ Schnaps sollte man besser _____ mitnehmen.

Auch _____ Papier kann man _____ zu Hause lassen.

Und _____ grüne Versicherungskarte ist auf einer Insel _____ wichtig.

c) In der Sahara gibt es _____ Regen.

_____ Schirm braucht man dort _____.

Dort braucht man Wasser und einen Kompaß, sonst _____.

6. Sagen Sie es anders.

B1
GR

a) Wenn man waschen will, braucht man Wasser.

Zum Waschen braucht man Wasser.

Ebenso:

b) Wenn man kochen will, braucht man meistens Salz und Pfeffer.

c) Wenn man Ski fahren will, braucht man Schnee.

d) Wenn man schreiben will, braucht man Papier und einen Kugelschreiber.

f) Wenn man fotografieren will, braucht man einen Fotoapparat und einen Film.

g) Wenn man tanken muß, muß man zur Tankstelle fahren.

h) Wenn man telefonieren muß, muß man oft ein Telefonbuch haben.

i) Wenn man schlafen will, nimmt man am besten eine Wolldecke.

j) Wenn man lesen will, sollte man gutes Licht haben.

k) Wenn man etwas reparieren muß, braucht man gutes Werkzeug.

l) Wenn man wandern möchte, sollte man gute Schuhe haben.

Lektion 7

B1
GR

7. Ihre Grammatik: Ergänzen Sie.

a) Frau Meier läßt ihren Mann heute kochen.
b) Sie läßt morgen die Katze impfen.
c) Herr Meier läßt die Bremsen prüfen.
d) Seine Frau läßt er nie das Auto fahren.
e) Laß mich doch die Fahrpläne besorgen.
f) Lassen Sie meinen Freund bitte Gitarre spielen.

	Invers.-signal	Subjekt	Verb	Subjekt	unbetonte Ergänzung	Angabe	obligatorische Ergänzung	Verb
a)		Frau Meier	läßt		ihren Mann	heute		kochen.
b)								
c)								
d)								
e)								
f)								

B1
BD

8. ‚Lassen' hat drei wichtige Bedeutungen.

A. Mein Chef läßt mich manchmal seinen Wagen fahren, aber er läßt mich nie zur Bank gehen.
   (Mein Chef ist einverstanden, daß ich manchmal seinen Wagen fahre, aber er verbietet, daß ich zur Bank gehe. ‚lassen' = erlauben; ‚nicht lassen' = verbieten)
B. Ich lasse morgen den Hund untersuchen.
   (Ich kann den Hund nicht selbst untersuchen; das soll/muß der Tierarzt machen. ‚lassen' = eine andere Person soll/muß etwas machen)
C. Laß mich die Wohnung aufräumen, dann kannst du ins Kino gehen.
   (Ich will gern für dich die Wohnung aufräumen. ‚lassen' = man will etwas für eine andere Person machen)

Welche Bedeutung (A, B oder C) hat ‚lassen' in den folgenden Sätzen?

	A	B	C
1	X		
2			
3			
4			
5			
6			
7			
8			
9			
10			

1. Ich lasse dich nicht allein ins Theater gehen.
2. Wie lange lassen Sie Ihre Tochter abends weggehen?
3. Wo lassen Sie Ihr Auto reparieren?
4. Lassen Sie mich doch den Brief schreiben, wenn Sie müde sind.
5. Du mußt dir unbedingt die Haare schneiden lassen.
6. Läßt du mich mal telefonieren?
7. Warum läßt du mich nicht die Suppe kochen? In der Zeit kannst du den Brief schreiben.
8. Ich möchte die Bremsen prüfen lassen.
9. Laß meinen Freund doch Gitarre spielen. Er stört uns doch nicht.
10. Heute denkt man nicht mehr selbst. Man läßt denken!

Lektion 7

B1
BD

9. Was können Sie auch sagen?

a) *Ich würde Benzin mitnehmen.*
- Ⓐ Ich lasse Benzin mitnehmen.
- Ⓑ Ich schlage vor, Benzin mitzunehmen.
- Ⓒ Mir fehlt Benzin.

b) *Meinetwegen nehmen wir eine Wolldecke mit.*
- Ⓐ Wir können eine Wolldecke mitnehmen oder nicht. Das ist mir egal.
- Ⓑ Die Wolldecke ist einverstanden, daß wir sie mitnehmen.
- Ⓒ Wir nehmen lieber eine Wolldecke mit.

c) *Ich bin dafür, einen Gasofen mitzunehmen.*
- Ⓐ Ich bin nicht dagegen, einen Gasofen mitzunehmen.
- Ⓑ Ich finde, daß wir einen Gasofen mitnehmen sollten.
- Ⓒ Wir nehmen einen Gasofen mit; da bin ich sicher.

d) *Ich bin dagegen, Schnaps einzupacken.*
- Ⓐ Ich finde es falsch, Schnaps einzupacken.
- Ⓑ Schnaps darf man nicht einpacken.
- Ⓒ Pack den Schnaps aus!

c) *Es ist besser, einen Schirm mitzunehmen.*
- Ⓐ Einen Schirm braucht man zum Mitnehmen.
- Ⓑ Wir nehmen einen besseren Schirm mit.
- Ⓒ Wir nehmen lieber einen Schirm mit.

f) *Es ist notwendig, Medikamente zu haben.*
- Ⓐ Man muß unbedingt Medikamente haben.
- Ⓑ Man muß notwendige Medikamente haben.
- Ⓒ Es ist unwichtig, Medikamente zu haben.

B1
SA

10. Herr Schulz will mit seiner Familie verreisen. Am Tag vor der Reise hat er noch viel zu tun.

Zuerst geht Herr Schulz zum Rathaus. Dort werden die Pässe und die Kinderausweise verlängert. Dann geht er zum Tierarzt. Der untersucht die Katze. In die Autowerkstatt fährt er auch noch. Die Bremsen ziehen nach links und müssen kontrolliert werden. Im Fotogeschäft repariert man ihm schnell den Fotoapparat. Später hat er noch Zeit, zum Friseur zu gehen. Denn seine Haare müssen geschnitten werden. Zum Schluß fährt er zur Tankstelle und tankt. Das Öl und die Reifen werden auch noch geprüft. Dann fährt er nach Hause. Er packt selbst den Wagen, weil er nicht möchte, daß seine Frau das tut. Dann ist er endlich fertig.

Schreiben Sie den Text neu. Benutzen Sie möglichst oft das Wort ‚lassen‘.
Benutzen Sie auch Wörter wie: ‚zuerst‘, ‚dann‘, ‚später‘, ‚schließlich‘, ‚nämlich‘, ‚dort‘ und ‚bei . . .‘, ‚in . . .‘, ‚auf . . .‘, ‚an . . .‘.

Zuerst läßt Herr Schulz im Rathaus die Pässe verlängern.
Dann . . .

Lektion 7

**B2/3
WS**

11. Ergänzen Sie.

(Mindmap mit zentralem Feld **auswandern**; oben rechts ausgefüllt: *Aufenthaltserlaubnis*; weitere Felder leer)

**B2/3
WS**

12. Wie heißen die Wörter richtig?

a) Ich bin ÄNADUSLER.   *Ausl...* _____

b) Ich habe immer Probleme mit den MÄRTEN.   _____

c) Ich muß meine SAUFLAUNATHERLEBNIS verlängern lassen.   _____

d) Ich muß zum Arzt und brauche einen KEINENSCHRANK.   _____

e) Können Sie mir das hier vielleicht ÜTZERBESEN?   _____

**B2/3
GR**

13. Ergänzen Sie ‚wenn‘, ‚wann‘ oder ‚als‘.

_____ ich in die Bundesrepublik Deutschland gekommen bin, konnte ich kaum ein Wort Deutsch. _____ jemand mich etwas gefragt hat, habe ich immer sehr lange überlegt. Ich habe nie gewußt, _____ man ‚du‘ und _____ man ‚Sie‘ sagt. Die Leute haben oft gelacht, _____ ich Fehler machte. _____ ich einmal zum Essen eingeladen war, habe ich gesagt: „Es schmeckt ganz gut“. Da hat mir die Hausfrau gesagt, _____ man ‚ganz‘ und _____ man ‚sehr‘ sagt. Schließlich habe ich mir gesagt: „_____ du jetzt nicht einen Sprachkurs besuchst, lernst du nie mehr richtig Deutsch.“

**B2/3
GR**

14. Was ist für Deutsche im Ausland wichtig? Sagen Sie es anders:

a) Herr Kurz überlegt: „Was muß ich mitnehmen?“
   Herr Kurz überlegt, was er mitnehmen muß.
   Ebenso:

b) Frau Meier weiß nicht: „Gibt es in Mallorca guten Kaffee?“

c) Frau Mittler möchte gern wissen: „Wann machen die Läden in Norwegen zu?“

d) Gerti fragt sich: „Wie lange sind die Diskotheken in der Schweiz auf?“

e) Herr Klar weiß nicht: „Welche Sprache spricht man in Andorra?“

f) Frau Schickedanz muß unbedingt wissen: „Kann man in Tunesien Alkohol kaufen?“

g) Susanne überlegt: „Soll ich nach Spanien einen Pullover mitnehmen?“

h) Herr Schuster weiß nicht: „Wieviel D-Mark sind 1000 italienische Lire?‘

i) Frau Möller fragt sich: „Wer holt mich am Bahnhof ab?“

j) Heiko möchte sehr gern wissen: „Gibt es in Dänemark billigen Schnaps?“

k) Dr. Kaufmann überlegt: „Wo kann man ein günstiges Ferienhaus mieten?“

l) Familie Aufderheide fragt sich: „Gefällt den Kindern wohl die Nordsee?“

m) Herr Sutter überlegt: „In welchem Land kann ich die meisten Steuern sparen?“

n) Frau Kuhlmann weiß noch nicht: „Wann fährt mein Zug ab?“

82

Ihre Grammatik: Ergänzen Sie die Sätze b, g und i.

B2/3
GR

	Inversionssign.	Subjekt	Verb	Subjekt	unbetonte obligator. Ergänzung	Angabe	obligatorische Ergänzung	Verb
a	was	Herr Kurz	überlegt,	er				mitnehmen muß.
b		Frau Meier	weiß			nicht,		
g		Susanne	überlegt,					
i		Frau Müller	fragt		sich,			

15. Sagen Sie es anders. Benutzen Sie ‚ob' oder ‚daß'.

B2/3
GR

a) Meine Mutter kommt morgen. Das habe ich ganz vergessen.

   Ich habe ganz vergessen, daß meine Mutter morgen kommt.

   Ebenso:

b) Karla hat morgen Geburtstag. Weißt du das nicht?

c) Ist morgen eigentlich ein Ferientag? Ich habe es vergessen.

d) Braucht man für die DDR ein Visum? Ich weiß das nicht.

e) Die Türken sitzen gern auf dem Teppich. Das kann ich nicht verstehen.

f) Vielleicht kann man in Kanada viel Geld verdienen. Möchtest du das nicht auch wissen?

g) Die Deutschen stehen sehr früh auf. Das habe ich gehört.

h) In der Bundesrepublik machen die Geschäfte um 18.30 Uhr zu. Das habe ich nicht gewußt.

i) Trinken die Österreicher mehr Wein oder mehr Bier? Das weiß kein Mensch.

j) Vielleicht spricht man in der Schweiz auch Italienisch. Da bin ich nicht sicher.

16. Warum ist Carlo Gottini in die Bundesrepublik gekommen?
Bilden Sie Sätze mit ‚um zu' oder ‚damit'.

B2/3
GR

a) Er will hier arbeiten.

   Er ist in die Bundesrepublik gekommen, um hier zu arbeiten.

b) Seine Kinder sollen bessere Berufschancen haben.

   Er ist in die Bundesrepublik gekommen, damit seine Kinder bessere Berufschancen haben.

c) Er will mehr Geld verdienen.

d) Er möchte später in Italien eine Autowerkstatt aufmachen.

e) Seine Kinder sollen Fremdsprachen lernen.

f) Seine Frau muß nicht mehr arbeiten.

g) Er möchte in seinem Beruf weiterkommen.

h) Seine Familie soll besser leben.

i) Er wollte eine eigene Wohnung haben.

Lektion 7

17. Ihre Grammatik. Ergänzen Sie die Sätze aus Übung 16.

	Subjekt	Verb	Subjekt	Angabe	obligatorische Ergänzung	Verb
	Er	ist			in die Bundesrepublik	gekommen,
a) um				hier		zu arbeiten.
b) damit	seine Kinder				bessere Berufschancen	haben.
c)						
d)						
e)						
f)						
g)						
h)						
i)						

18. Ergänzen Sie ‚bevor‘, ‚daß‘, ‚weil‘, ‚damit‘, ‚um zu‘, ‚zu‘ oder ‚–‘.

Immer mehr Deutsche kommen in die ausländischen Konsulate, _____ sie auswandern wollen. Manche haben Angst, _____ arbeitslos _____ werden, andere wollen ins Ausland gehen, _____ ihre Familien dort freier leben können. Die meisten hoffen, _____ in ihrem Traumland reich _____ werden. Aber viele vergessen, _____ auch andere Länder wirtschaftliche Probleme haben. _____ zum Beispiel nach Australien gehen _____ können, muß man einen ganz bestimmten Beruf haben. Auch für andere Länder ist es schwer, _____ eine Aufenthaltsgenehmigung _____ bekommen. _____ man seine Sachen packt, sollte man sich sehr genau informieren. Man muß auch ein bißchen Geld gespart haben, _____ man in der ersten Zeit im fremden Land leben kann, _____ man nicht sicher sein kann, _____ sofort eine Stelle _____ finden. Manche Auswanderer kommen auch enttäuscht zurück. Dieter Westphal: „Ich bin nach Kanada gegangen, _____ mehr Geld _____ verdienen. Aber ich habe keine Lust, _____ 60 Stunden in der Woche _____ arbeiten, _____ 375 Dollar _____ verdienen. _____ ich ausgewandert bin, habe ich nicht gewußt, _____ es den Deutschen eigentlich sehr gut geht."

84

19. Was kann man auch sagen?

B2/3
BD

a) *Ich kann nicht verstehen, daß so viele Deutsche auswandern wollen.*

  Ⓐ Ich weiß nicht, ob so viele Deutsche auswandern wollen.

  Ⓑ Ich weiß nicht, daß so viele Deutsche auswandern wollen.

  Ⓒ Ich finde es komisch, daß so viele Deutsche auswandern wollen.

b) *Das deutsche Essen ist für mich fremd.*

  Ⓐ Ich finde, das deutsche Essen ist komisch.

  Ⓑ Das deutsche Essen ist ganz neu für mich.

  Ⓒ Als Ausländer mag ich das deutsche Essen gern.

c) *Bevor man auswandert, sollte man die Sprache lernen.*

  Ⓐ Wenn man auswandern will, sollte man erst die Sprache lernen.

  Ⓑ Man sollte auswandern, damit man die Sprache lernt.

  Ⓒ Erst kann man auswandern, dann sollte man die Sprache lernen.

d) *Die Schüler finden es gut, daß sie das Haus des Kunsthändlers besuchen.*

  Ⓐ Die Schüler finden leicht den Weg zum Haus des Kunsthändlers.

  Ⓑ Die Schüler finden das Haus des Kunsthändlers gut und besuchen es.

  Ⓒ Die Schüler freuen sich darauf, das Haus des Kunsthändlers zu besuchen.

e) *Kinder finden es interessant, im Wald Feuer zu machen.*

  Ⓐ Kinder machen gern im Wald Feuer.

  Ⓑ Es ist interessant, wenn Kinder im Wald Feuer machen.

  Ⓒ Kinder machen gern im Wald das Feuer aus.

f) *Man nimmt nicht jeden, nur Leute mit bestimmten Berufen.*

  Ⓐ Man nimmt bestimmt jeden, der einen Beruf hat.

  Ⓑ Man bestimmt, welchen Beruf die Leute haben.

  Ⓒ Man nimmt nur Leute mit besonderen Berufen.

20. Schreiben Sie eine kleine Zusammenfassung für den Text im Kursbuch S. 91–92. Benutzen Sie Perfekt und Präteritum.

B2/3
SA

deutsche Schulklasse – in die Türkei fahren
bei türkischen Familien wohnen
Gastfreundschaft – gefallen
Probleme: Frühstück, Toiletten, ..
Kunsthändler – einladen
nur Mädchen – in den Harem gehen
Muhammad, einen früheren Mitschüler, besuchen
mit den Türken feiern (Jungen und Mädchen getrennt)
über Gott sprechen
das türkische Essen mögen
man weiß nicht: Kontakte zu Hause besser?

Eine deutsche Schulklasse ist in die Türkei gefahren. Die Schüler haben bei ...

Elisabeth Gonçalves

Der ewige Auswanderer

In meiner Sprache
fehlte mir das Wort AMOR,
und ich wanderte aus zu dir
und lernte LIEBE kennen.
Doch ich kannte nicht
die Abgründe deiner Sprache,
noch die Kälte in deinem Land
und ich kehrte zurück in die Heimat…
wieder in dein Land,
wieder zurück,
immer wieder hin
und zurück.
Ich bin jetzt der ewige Auswanderer
in zwei Sprachen
ohne Liebe.

Sabri Çakir

Ich habe zwei Heimatländer

Ich habe zwei Sprachen
die eine spreche ich zu Hause
Sie verstehen mich so besser
meine Frau und mein Sohn
Die andere spreche ich auf der Arbeit
beim Einkaufen im Ausländeramt

Ich habe zwei Gesichter
Das eine benutze ich für die Deutschen
Dieses Gesicht kann alles
lachen und weinen
Das andere halte ich
für meine Landsleute bereit

Ich habe zwei Heimatländer
Eins in dem ich geboren wurde
Das andere in dem ich satt werde
Das Land meiner Väter liebe ich mehr
Aber erdulden muß ich
Die Schmerzen beider

Fatma Mohamed Ismail

Ein deutsches Nein heißt Nein

Im vorigen Winter bin ich nach Deutschland gefahren, um meine deutschen Sprachkenntnisse zu verbessern und die Deutschen kennenzulernen. Ich versuchte, mit den Deutschen Kontakt aufzunehmen. Deshalb habe ich wiederholt Deutsche eingeladen. Und jeder, den ich eingeladen hatte, aß gern ägyptisches Essen.

Doch einmal, als ich einen Taxifahrer und seine Frau zu mir eingeladen hatte, geschah etwas Seltsames. Ich hatte mich einen Tag auf diese Einladung vorbereitet. Als sie um 18 Uhr kamen, war der Tisch schon gedeckt. Ich sagte: „Warum gucken Sie so? Das ist nicht zum Gucken, sondern zum Essen." Die Frau und ich setzten uns zum Essen hin, aber der Mann wollte nicht und sagte: „Nein danke!" Ich sagte: „Aber kommen Sie zum Essen, es wird Ihnen gut schmecken!" – „Nein," wiederholte er. Dann habe ich noch einmal gebeten: „Aber probieren Sie mal!" Da sagte er ärgerlich: „Ich kann nichts essen." – „Das geht doch nicht!" sagte ich, „Sie müssen etwas essen." Da erwiderte er: „Was sind Sie für ein Mensch." Ich dachte: Was hast du getan, daß er so ärgerlich ist. Während des Essens fragte ich die Frau, die mich anstarrte, als sei ich verrückt: „Warum will er nichts essen?" – „Ehrlich, wenn er könnte, dann hätte er gern gegessen. Wir hatten keine Ahnung, daß Sie uns zum Essen einladen würden." – „Ach, Entschuldigung", sagte ich. „Bei uns in Ägypten ist bei einer Einladung das Essen eine ganz selbstverständliche Sache. Der Gast sagt zwar aus Höflichkeit ‚Nein, danke'; aber damit ist nicht gemeint, daß er wirklich nicht essen will. Man soll den Gast mehrmals zum Essen auffordern, und der Gast wird immer etwas nehmen, auch dann, wenn er keinen Hunger hat, damit die anderen nicht böse auf ihn werden."

So habe ich erfahren, daß „Nein" auf Deutsch ehrlich „Nein" heißt.

ZOLLBESTIMMUNGEN FÜR DEUTSCHE AUSLANDSREISENDE

Die deutsche Zollverwaltung möchte Ihnen den Grenzübertritt bei Ihrer Auslandsreise erleichtern und die Grenzabfertigung so einfach wie möglich machen. Dabei können Sie helfen: Zeigen Sie bei Ihrer Rückreise aus dem Ausland die dort gekauften (oder geschenkten) Waren dem Abfertigungsbeamten! Er wird Ihnen sagen, ob Sie für diese Waren Zoll bezahlen müssen.

Aus der nachstehenden Zusammenstellung können Sie ersehen, für welche Waren Sie bei Ihrer Rückkehr in die Bundesrepublik keinen Zoll bezahlen müssen.

—— Abgabenfreie Waren ——

Als Reisemitbringsel können Sie folgende Waren zollfrei einführen:

1. Tabakwaren, wenn Sie mindestens 17 Jahre alt sind,
  a) aus Ländern der Europäischen Gemeinschaften (Belgien, Dänemark, Frankreich, Griechenland, Großbritannien und Nordirland, Irland, Italien, Luxemburg, Niederlande)
   300 Zigaretten oder 150 Zigarillos oder
   75 Zigarren oder 400 g Rauchtabak,
  b) aus anderen Ländern
   200 Zigaretten oder 100 Zigarillos oder
   50 Zigarren oder 250 g Rauchtabak;

2. alkoholische Getränke, wenn Sie mindestens 17 Jahre alt sind,
  a) aus Ländern der Europäischen Gemeinschaften
   1,5 Liter destillierte Getränke oder Spirituosen mit einem Alkoholgehalt von mehr als 22 % vol oder
   3 Liter destillierte Getränke oder Spirituosen oder Aperitife aus Wein oder Alkohol, mit einem Alkoholgehalt von 22 % vol oder weniger, oder
   3 Liter Schaumwein oder Likörwein und
   4 Liter sonstiger Wein;

  b) aus anderen Ländern
   1 Liter destillierte Getränke oder Spirituosen mit einem Alkoholgehalt von mehr als 22 % vol oder
   2 Liter destillierte Getränke oder Spirituosen oder Aperitifs aus Wein oder Alkohol, mit einem Alkoholgehalt von 22 % vol oder weniger, oder
   2 Liter Schaumwein oder Likörwein und
   2 Liter sonstiger Wein;

3. Kaffee, wenn Sie mindestens 15 Jahre alt sind,
  a) aus Ländern der Europäischen Gemeinschaften
   750 g Kaffee oder
   300 g Kaffeeauszüge oder -essenzen,
  b) aus anderen Ländern
   250 g Kaffee oder
   100 g Kaffeeauszüge oder -essenzen

4. Tee
  a) aus Ländern der Europäischen Gemeinschaften
   150 g Tee oder
    60 g Teeauszüge oder -essenzen
  b) 100 g Tee oder
   40 g Teeauszüge oder -essenzen

5. Parfüms und **Toilettewasser**
  a) aus Ländern der Europäischen Gemeinschaften
   75 g Parfüms und 0,375 Liter Toilettewasser,
  b) aus anderen Ländern
   50 g Parfüms und 0,25 Liter Toilettewasser;

6. andere Waren
  – ausgenommen Gold, Goldlegierungen und -plattierungen, unbearbeitet oder als Halbzeug (z. B. Barren) –
  a) aus Ländern der Europäischen Gemeinschaften bis zu einem Warenwert von insgesamt 620 DM,
  b) aus anderen Ländern bis zu einem Warenwert von insgesamt 115 DM.

An Treibstoffen für Ihren Personenkraftwagen sind der Inhalt des Fahrzeugtanks und zusätzliche 10 Liter in Reservekanistern abgabenfrei, sofern die Fahrt nicht zum Erwerb von Treibstoff unternommen worden ist.

Vorurteil

Ich heiße Gönul, ich bin 12 Jahre alt. Als ich in die Schule kam, lachten die Kinder mich jeden Tag aus. Deutschland war mir ganz fremd, auch die Leute. Aber einer war mir nicht fremd: meine Lehrerin, weil sie lieb und nett zu mir war. Die anderen Lehrer und Lehrerinnen sind auch nett, und das macht mich sehr glücklich. Ich konnte von Tag zu Tag besser Deutsch reden, und meine Noten wurden auch besser. Ich danke Frau K. und den anderen Lehrern, die über das Thema „Ausländer" sprechen. Ich danke sehr.

Ich heiße Aysel und bin 15 Jahre alt. Vor 1½ Jahren bin ich aus der Türkei in die Bundesrepublik gekommen. Mein Hauptproblem ist, daß die Deutschen die Ausländer nicht mögen, und besonders die Türken nicht. Ich sehe viele Plakate, auf denen steht: „Ausländer raus!" oder „Ausländer-stopp". Das macht mich ganz traurig. Macht ein Türke eine schlechte Sache, dann sagen viele, daß alle Türken schlecht sind. Wir sehen auch viele schlechte Deutsche, aber wir sagen nicht: „Alle Deutschen sind schlecht." Es ist wie in Amerika: Dort ist ein „Schwarz-Weiß-Kampf" und hier ein Kampf Einheimische gegen Ausländer. Aber wir sind doch alle Menschen!

Ich heiße Zarif und bin 17 Jahre alt. Ich bin eine Türkin. Ich habe so viele Probleme, daß ich sie gar nicht alle erzählen kann. Aber ich versuche zu erzählen, für meine Lehrerin. Mein erstes Problem sind die Jungen. Mancher Junge möchte mich zur Freundin, aber ich sage sofort: „Nein!" Die türkischen Leute klatschen immer, und wenn sie mich mit einem Jungen sehen würden, erzählen sie es meinen Eltern. Diese wären böse auf mich und würden mich schlagen. Das Schlimmste aber wäre, ich dürfte nicht mehr nach draußen gehen, nicht mehr in die Schule gehen. Ohne Schule, ohne draußen kann ich nicht leben. Wir Mädchen und Frauen dürfen nie etwas alleine tun. Mancher Idiot von Mann denkt, daß Frauen nichts wert sind, daß sie niedriger sind als die Männer.
Mein zweites Problem sind meine Eltern. Sie verstehen uns gar nicht... Meine Schwester und ich dürfen nicht allein raus. Jeden Tag müssen wir in unserem Zimmer bleiben. Wir hören dann immer Cassetten. Ich habe auch einen großen Bruder, er ist 25 und nicht verheiratet. Wenn wir mit ihm zu einer Hochzeit oder Party gehen wollen, dann streitet er mit uns und will uns nicht mitnehmen. Und wenn er uns mitnimmt, dürfen wir nicht tanzen, sondern müssen immer sitzen bleiben.
Mein drittes Problem: Mit Deutschen haben wir gar keinen Kontakt. Wir Türken sind immer mit Türken zusammen und Deutsche mit Deutschen. Ich habe viele Deutsche kennengelernt, manche waren nett zu uns, andere schlecht zu uns und den Gastarbeitern. Eine alte Frau sagte zu mir: „Verdammte Ausländer." Ich habe nichts geantwortet, aber ich bin so nervös geworden. Was konnte ich antworten? Manche Deutschen hassen die Ausländer, die Gastarbeiter. Das gefällt mir nicht. Ich bin doch auch ein Mensch wie die anderen. Ich weiß manchmal gar nicht, was ich will: zurück in die Türkei oder hier in der Bundesrepublik bleiben.

Ich heiße Emel und bin 15 Jahre alt. Mein Vater arbeitet schon 10 Jahre in Deutschland. Wir haben hier viele Probleme. Unser größtes Problem ist, daß die Deutschen uns nicht mögen. Sie hassen uns und sagen immer: „Ausländer raus!" Die Ausländer haben in der Bundesrepublik viel getan. Sie haben wie die Esel hier gearbeitet, und jetzt brauchen uns die Deutschen nicht mehr. Wir Ausländer sind doch auch – wie die Deutschen – Menschen und keine Tiere. Auch viele Schüler mögen uns nicht. Wir haben ihnen nichts getan, aber trotzdem mögen sie uns nicht. Ein Beispiel: Am 23.3.1982 war ich auf dem Weg nach Hause. Da kamen vier Jungen und sagten zu mir: „Eh, Muslim, ihr Ausländer verschwindet!" Sie haben mich ausgelacht und hinter meinem Rücken komische Zeichen gemacht. Ich habe nichts gesagt, denn meine Lehrerin hat gesagt, ich soll ruhig bleiben, sonst wird alles schlimmer. Ich war sehr sauer und konnte überhaupt nicht sprechen.

1. Ergänzen Sie.

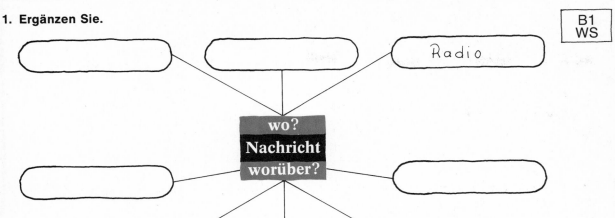

		Radio
	wo? Nachricht worüber?	
Unfall		

2. Was ist hier gestern passiert?

a) _In Stuttgart ist ein Bus gegen einen Zug gefahren._ (Stuttgart)

c) _____ (Linz)

e) _____ (New York)

b) _____ (Deggendorf)

d) _____ (Basel)

f) _____ (Duisburg)

Lektion 8

B1
WS

3. Was paßt zusammen?

Aufzug – Beamter – Briefumschlag – Bus – Gas – Kasse – Lebensmittel – Öl – Wohnung Päckchen – Paket – Paß – Stock – Straßenbahn – Strom – U-Bahn – Verkäufer – Zoll

Grenze	Heizung	Hochhaus	Post	Supermarkt	Verkehr
	Gas			Kasse	Bus

B1
GR

4. Sagen Sie es anders. Verwenden Sie die Präpositionen ‚ohne‘, ‚mit‘, ‚gegen‘, ‚außer‘, ‚für‘ und ‚wegen‘.

a) Das Auto fährt, aber es hat kein Licht.

Das Auto fährt ohne Licht.

Ebenso:

b) Ich habe ein Päckchen bekommen. In dem Päckchen war ein Geschenk.

c) Wir hatten gestern keinen Strom. Der Grund war das Gewitter.

d) Dieser Taschenrechner funktioniert mit Sonnenenergie. Er braucht keine Batterie.

e) Ich konnte gestern nicht zu dir kommen. Der Grund war das schlechte Wetter.

f) Jeder in meiner Familie treibt Sport. Nur ich nicht.

g) Der Arzt hat mein Bein operiert. Ich hatte eine Verletzung im Bein.

h) Ich bin mit dem Streik nicht einverstanden.

i) Die Metallarbeiter haben demonstriert. Sie wollen mehr Lohn.

j) Man kann nicht nach Australien fahren, wenn man kein Visum hat.

B1
GR

5. Ihre Grammatik. Ergänzen Sie.

	ein Streik	eine Reise	ein Haus	Probleme
für	einen Streik			
gegen				
mit				
ohne				
wegen				
außer				

6. Ergänzen Sie.

B2/3
WS

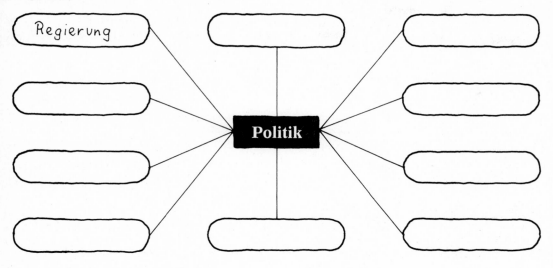

7. Was kann man nicht sagen?

B2/3
WS

einen Besuch	machen / anmelden / ~~geben~~ / versprechen
eine Frage	haben / verstehen / anrufen / erklären
einen Krieg	anfangen / abschließen / gewinnen / verlieren
eine Lösung	besuchen / finden / zeigen / suchen
eine Nachricht	bekommen / kennenlernen / schicken / verstehen
ein Problem	erklären / sehen / vorschlagen / verstehen
einen Streik	verlieren / vorschlagen / wollen / verlängern
einen Unterschied	machen / sehen / beantragen / kennen
einen Vertrag	unterschreiben / abschließen / unterstreichen / feiern
eine Wahl	gewinnen / feiern / verlieren / finden
einen Weg	bekommen / kennen / gehen / finden

8. Wie heißt das Nomen?

B2/3
WS

meinen	die Meinung	spazieren gehen	
ärgern		sprechen	
antworten		streiken	
fragen		unterschreiben	
besuchen		untersuchen	
essen		verletzen	
fernsehen		vorschlagen	
operieren		waschen	
reparieren		wohnen	
regnen		wünschen	
schneien		demonstrieren	

Lektion 8

B2/3
GR

9. Setzen Sie ein: ,für', ,gegen', ,mit', ,über', ,von', ,vor' oder ,zwischen'.

a) Im Fernsehen hat es eine Diskussion _____ Umweltprobleme gegeben.

b) Die Bundesrepublik Deutschland hat einen Vertrag _____ Frankreich abgeschlossen.

c) Viele Menschen haben Angst _____ einem Krieg.

d) Der Präsident _____ Kamerun hat die Schweiz besucht.

e) 3000 Metallarbeiter waren auf der Demonstration _____ die Arbeitslosigkeit.

f) Der Wirtschaftsminister hat den Vertrag _____ wirtschaftliche Kontakte _____ Algerien unterschrieben.

g) Die Ausländer sind froh _____ das neue Gesetz.

h) Die Gewerkschaft ist _____ dem Vorschlag der Arbeiter zufrieden.

i) Der Unterschied _____ der CDU und der CSU ist nicht groß.

j) Dieses Problem ist typisch _____ die deutsche Politik.

B2/3
BD

10. Was können Sie auch sagen?

a) *Er ist vor zwei Tagen angekommen.*
   - Ⓐ Er ist seit zwei Tagen hier.
   - Ⓑ Er ist für zwei Tage hier.
   - Ⓒ Er kommt in zwei Tagen an.

b) *Gegen Abend kommt ein Gewitter.*
   - Ⓐ Es ist Abend. Deshalb kommt ein Gewitter.
   - Ⓑ Am Abend kommt ein Gewitter.
   - Ⓒ Ich bin gegen ein Gewitter am Abend.

c) *Mein Vater ist über 60.*
   - Ⓐ Mein Vater wiegt mehr als 60 kg.
   - Ⓑ Mein Vater fährt schneller als 60 km/h.
   - Ⓒ Mein Vater ist vor mehr als 60 Jahren geboren.

d) *Während meiner Reise war ich krank.*
   - Ⓐ Auf meiner Reise war ich krank.
   - Ⓑ Seit meiner Reise war ich krank.
   - Ⓒ Wegen meiner Reise war ich krank.

e) *Seit 1952 werden die DDR und die Bundesrepublik immer verschiedener.*
   - Ⓐ Vor 1952 sind die Bundesrepublik und die DDR ein Staat.
   - Ⓑ Nach 1952 werden die DDR und die Bundesrepublik immer verschiedener.
   - Ⓒ Bis 1952 sind die DDR und die Bundesrepublik zwei verschiedene Staaten.

f) *In zwei Monaten heiratet sie.*
   - Ⓐ Ihre Heirat dauert zwei Monate.
   - Ⓑ Sie heiratet für zwei Monate.
   - Ⓒ Es dauert noch zwei Monate. Dann heiratet sie.

g) *Mit 30 hatte er schon 5 Häuser.*
   - Ⓐ Er hatte 35 Häuser.
   - Ⓑ Als er 30 Jahre alt war, hatte er schon 5 Häuser.
   - Ⓒ Vor 30 Jahren hatte er 5 Häuser.

h) *Erst nach 1978 hat es Kontakte zwischen den beiden Ländern gegeben.*
   - Ⓐ Vor 1978 hat es keine Kontakte zwischen den beiden Ländern gegeben.
   - Ⓑ Seit 1978 hat es keine Kontakte zwischen den beiden Ländern mehr gegeben.
   - Ⓒ Schon vor 1978 hat es Kontakte zwischen den beiden Ländern gegeben.

i) *In der Bundesrepublik dürfen alle Personen über 18 Jahre wählen.*
   - Ⓐ Personen, die unter 18 Jahre alt sind, dürfen nicht wählen.
   - Ⓑ Nur Personen, die 18 Jahre alt sind, dürfen in der Bundesrepublik wählen.
   - Ⓒ In der Bundesrepublik dürfen alle Personen nach 18 Jahren wählen.

11. ‚Wann?' oder ‚wie lange?' Welche Frage paßt?

a) Anna hat vor zwei Tagen ein Baby bekommen.
b) Es hat vier Tage geschneit.
c) Während des Krieges war er in Südamerika
d) Es regnet immer gegen Mittag.
e) Nach zweiundzwanzig Jahren ist er nach Hause gekommen.
f) Bis zu seinem sechzigsten Geburtstag war er gesund.
g) Ich habe eine halbe Stunde im Regen gestanden.
h) Er ist zweiundzwanzig Jahre in Afrika gewesen.
i) In drei Tagen hat er sein Abitur.
j) Seit drei Tagen hat er nichts gegessen.

	wann?	wie lange?
a)	X	
b)		
c)		
d)		
e)		
f)		
g)		
h)		
i)		
j)		

12. Welche Sätze sagen dasselbe / nicht dasselbe?

a) Meine Mutter kritisiert immer meine Freunde. /
Meine Mutter ist nie mit meinen Freunden zufrieden.
b) Wenn man das Abitur hat, hat man bessere Berufschancen. /
Mit Abitur hat man bessere Berufschancen.
c) Man sollte mehr Krankenhäuser bauen. Das finde ich auch. /
Man sollte mehr Krankenhäuser bauen. Ich bin auch dagegen.
d) Wenn es keine Kriege geben würde, wäre die Welt schöner. /
Ohne Kriege wäre die Welt schöner.
e) Er erklärt, daß das Problem sehr schwierig ist. /
Er erklärt das schwierige Problem.
f) Niemand hat einen guten Vorschlag. /
Jemand hat einen schlechten Vorschlag.
g) Die deutsche Frage ist immer noch offen. /
Das deutsche Problem ist immer noch offen.

	dasselbe	nicht dasselbe
a)	X	
b)		
c)		
d)		
e)		
f)		
g)		

13. Schreiben Sie die Zahlen.

neunzehnhundertachtundsechzig — 1968
achtzehnhundertachtundvierzig —
neunzehnhundertsiebzehn —
siebzehnhundertneunundachtzig —
achtzehnhundertdreißig —
sechzehnhundertachtzehn —
neunzehnhundertneununddreißig —
tausendsechsundsechzig —
vierzehnhundertzweiundneunzig —

Ein Zeitungstext…

Für Beschränkung des Zuzugsalters

Zimmermann will Zahl der Ausländer weiter verringern

Köln/Bonn (ddp). Bundesinnenminister Zimmermann hat sich für eine mittel- und langfristig erhebliche Verminderung der in der Bundesrepublik lebenden Ausländer ausgesprochen. In einem Gespräch mit der Deutschen Welle in Köln erklärte er gestern, der Arbeitsmarkt biete Ausländern auf unabsehbare Zeit keine neue Chancen.

Das gelte verstärkt für Nichtausgebildete und auch für junge Ausländer, die eine Lehrstelle suchten. Der Ausländer-Anwerbestopp müsse deshalb „in jeder Beziehung" beibehalten werden. Gleichzeitig hat der Innenminister eine Beschränkung des Zuzugsalters von türkischen Kindern auf sechs bis sieben Jahre gefordert. Vor allem bei Türken kämen laufend Jugendliche in einem Alter zu ihren in der Bundesrepublik Deutschland lebenden Eltern, in dem sie keine Chance mehr hätten, Deutsch zu lernen. Dies sei „eines der wichtigsten Probleme überhaupt".

Dem widersprach der stellvertretende FDP-Vorsitzende und ehemalige Innenminister Baum am selben Tag in einem Gespräch mit dem Deutschen Depeschen Dienst (ddp). Diese Herabsetzung des Alters unter 16 Jahre verstoße nach Ansicht der FDP „gegen den Grundgesetz-Schutz für Ehe und Familie" sowie gegen die internationalen Menschenrechte. Deshalb lehne seine Partei eine solche Änderung „strikt ab".

Zimmermann verlangte in seinem Interview ebenfalls die „sofortige Abschiebung", wenn ein Ausländer „hier straffällig wird, gleich aus welchen Gründen". Dazu kündigte Baum gegenüber ddp an, eine Regelausweisung von Ausländern ohne vorheriges rechtskräftiges Urteil werde es „in einer Koalition mit der FDP nicht geben".

...und seine „Übersetzung"

Das Alter, in dem Ausländerkinder in die Bundesrepublik ziehen können, soll neu bestimmt werden.

Herr Zimmermann möchte, daß die Zahl der Ausländer kleiner wird.

Köln / Bonn (ddp). Der Innenminister der Bundesrepublik Deutschland, Zimmermann, hat gestern gesagt: Er ist dafür, daß die Zahl der Ausländer, die in der Bundesrepublik leben, in der nächsten Zeit und für lange Zeit deutlich niedriger wird. In einem Gespräch mit dem Radiosender „Deutsche Welle" in Köln erklärte er gestern, daß es für Ausländer auch in den nächsten Jahren nicht einfacher wird, eine Stelle zu finden.

Er sagte: Besonders die Ausländer, die keine Ausbildung haben, und junge Ausländer, die eine Lehrstelle suchen, haben kaum Chancen auf dem Arbeitsmarkt. Deshalb muß der Anwerbestopp (siehe unten) für Ausländer 'in allen Punkten' so bleiben, wie er ist. Gleichzeitig hat der Innenminister verlangt, daß keine türkischen Kinder mehr in die Bundesrepublik ziehen sollen, die älter sind als sechs oder sieben Jahre. Er sagte, daß besonders zu den türkischen Gastarbeitern in der Bundesrepublik viele Kinder in einem Alter nachziehen, in dem sie keine Chance mehr haben, Deutsch zu lernen. 'Dieses ist eins der wichtigsten Probleme überhaupt', meinte Zimmermann.

Diese Meinung kritisierte der 2. Vorsitzende der FDP, Baum, (er war früher Innenminister) in einem Gespräch mit dem Deutschen Depeschen Dienst (ddp). Die Meinung der FDP ist: Wenn man verbietet, daß Ausländerkinder unter 16 Jahren zu ihren Eltern in die Bundesrepublik ziehen, dann verletzt man das Grundgesetz, in dem es einen Artikel über den Schutz von Ehe und Familie gibt; man verletzt damit auch internationale Menschenrechte. Deshalb ist seine Partei 'streng' gegen diese Veränderung.

Zimmermann verlangte in seinem Interview auch, daß ein Ausländer sofort in sein Land geschickt wird, wenn er hier kriminell wird, egal aus welchen Gründen. Zu diesem Thema sagte Baum zu ddp: Kein Ausländer soll automatisch zurückgeschickt werden, bevor ein Gericht ihn verurteilt hat. So ein Gesetz akzeptiert die FDP in der Regierungskoalition nicht.

Ausländeranwerbestopp:

Seit 1955 wurden offiziell ausländische Arbeitnehmer in die Bundesrepublik Deutschland geholt ("angeworben"), weil es hier nicht genug Arbeitskräfte gab. Die meisten kamen aus Italien, Spanien, Griechenland, Portugal, Jugoslawien, Marokko, Tunesien und vor allem aus der Türkei. Ende 1973 fing eine Wirtschaftskrise an, deren Grund zum Teil in der Ölkrise lag. Deshalb erklärte die Bundesregierung am 23. November 1973 den "Anwerbestopp": Ausländische Arbeitnehmer durften nicht mehr angeworben werden. Nur Italiener durften weiter in die Bundesrepublik kommen, weil sie Staatsangehörige eines Landes der Europäischen Gemeinschaft sind und keine Aufenthaltserlaubnis brauchen, um in die Bundesrepublik zu reisen. Bis 198o konnten auch Türken weiterhin kommen. Familienangehörige von ausländischen Arbeitnehmern, die hier wohnen, besonders Ehepartner und Kinder unter 18 Jahren, konnten bisher ohne Probleme in die Bundesrepublik nachkommen.

Muster des neuen Personalausweises. Name, Seriennummer, Geburtsdatum, Gültigkeitsdauer und Prüfnummern sind maschinenlesbar

Passend für den Computer

Als erstes Land der Welt will die Bundesrepublik Deutschland automatisch lesbare Personalausweise an die Bürger ausgeben. Kommt die elektronische Massenkontrolle?

Er ist waschmaschinenfest, handlich, bruchsicher und in Plastik geschweißt: der neue Personalausweis der Bundesrepublik Deutschland. Durch die Plastikfolie eines Ausweismusters schaut „Erika Mustermann", Seriennummer „1220000016", hoffnungsvoll die Bundesbürger an.

Nach jahrelangen Diskussionen hat der Deutsche Bundestag am 25. Februar 1983 entschieden, daß der neue Ausweis nun endgültig eingeführt wird. Ab 1. November 1984 werden die alten grauen Ausweise, die seit den sechziger Jahren in Gebrauch sind, nicht mehr verlängert. Dann preßt die Bundesdruckerei in Berlin, die sonst Geldscheine produziert, Millionen Deutsche mit ihren Daten in Kunststofffolien. Gebühr pro Kopf: zehn Mark.

„Ein großer Sicherheitsgewinn im Kampf gegen Kriminalität und Terrorismus", sagt Bundesinnenminister Friedrich Zimmermann (CSU). „Total fälschungssicher", sagen die Experten der Bundesdruckerei: Wer an dem Kunststoff kratzt, um Informationen zu verändern, zerstört die Karte.

Aber unter der Folie gibt es noch mehr: Zwei Zeilen Computer-Schrift vom Typ „optical character recogniton B". Name, Geburtsdatum, Seriennummer des Ausweises, seine Gültigkeitsdauer und Prüfnummern können elektronisch gelesen werden: „Mustermann Erika" ist maschinenlesbar.

Die Bundesrepublik Deutschland ist das erste Land, das für alle Bürger über 16 Jahren computergerechte Personalausweise einführen will. Aber was Politiker als „bürgerfreundlich" feiern, macht Datenschutzexperten und Elektronikspezialisten Angst. Denn mit einer neuen Generation von Computern haben die Polizei und andere Sicherheitsbehörden in den letzten Jahren ein Informationssystem geschaffen wie kein anderer Staat der Erde. Und in den letzten Jahren sind auch die Rechte der Polizei gewachsen, damit sie wirksamer gegen Terroristen angehen kann. „Der neue Ausweis", glaubt der Bremer Informatik-Professor Wilhelm Steinmüller, „wird das erste technische Massenkontrollmittel der Neuzeit."

Die Zukunft an den Landesgrenzen: Die Siemens-Tochter Computergesellschaft Konstanz will an den Grenzen und Flughäfen Hunderte von automatischen Leseapparaten installieren. Dann heißt es: Plastikkarte her – Was sagt das Datenkonto? In Sekunden gibt der Computer die Antwort. „Bewegungsprofile", also

Informationen, woher und wohin jemand reist, werden noch einfacher möglich: Wer fährt wann mit wem wohin, und in welchem Auto?

Auch in jedem Polizeiwagen kann ein automatisches Lesegerät installiert werden. Nach jedem Verkehrsunfall, wenn etwas gestohlen wird, wenn es Krach im Gasthaus gibt, kann „Erika Mustermann", die vielleicht zufällig in der Nähe gestanden hat, schnell mit überprüft werden – technisch kein Problem. In Bahnhöfen und Behörden, bei Demonstrationen, überall können Bürger schnell überprüft werden.

Wer dann einmal im Computer ist, wird nicht so schnell vergessen. Und drin ist man schnell. Da genügt es schon, daß man zufällig im Zug neben jemandem sitzt, der vielleicht mit Terroristen in Verbindung steht. Schon 1972, noch ohne Elektronik und Plastikausweis, wurde ein Münchner Chefarzt mit seiner ganzen Familie polizeilich registriert, nur weil bei ihm ein junger Verwandter übernachtet hat, der Kontakte zu Terroristen gehabt haben soll. Mit elektronischer Erleichterung werden solche Fälle noch viel häufiger sein. Durch „Online", die direkte elektronische Verbindung der Computer, kann eine Behörde Daten von einer anderen bekommen. Und die Polizei hat eine gute Verbindung zu anderen Behörden, z.B. zum Bundeszentralregister in Berlin, wo alle Kriminellen registriert sind, zum Ausländerzentralregister in Köln oder zum Bundesnachrichtendienst.

Gründe genug, die Computer selbst zu kontrollieren. „Wir können den neuen Personalausweis nur akzeptieren", sagt der Datenschutzbeamte Claus Henning Schapper aus Hamburg, „wenn die Kontrollbedingungen durch Gesetze genau bestimmt werden." Aber das geschieht nicht, im Gegenteil: das Ausmaß der Überwachung nimmt zu. Der Bundesbeauftragte für Datenschutz, Hans Peter Bull, mußte

gehen, weil er zu kritisch war. Er fand Daten gespeichert, die nie richtig überprüft worden waren, und „nicht selten" wurden auch Auskünfte gegeben, die die Beamten nicht hätten geben dürfen – an Arbeitgeber zum Beispiel.

In Frankreich hat man einen Versuch mit Computer-Ausweisen nach wenigen Monaten gestoppt. In England und den USA gibt es gar keine Personalausweise. Und in New York oder San Francisco interessiert sich niemand dafür, welchen Ausweis „Miss Mustermann" in der Tasche hat, wenn sie für eine Nacht in ein Hotel geht . . .

Das Hamburger „Komitee gegen Überwachung" hat eine böse Vision der Zukunft: „Manche Türen werden bald nur noch für den offen sein, der eine Ausweiskarte hat. Behörden, Flughäfen, Gerichte und Betriebe wird man nur noch mit Auweis betreten können." Und warum sollten nicht, wenn der Ausweis eingeführt ist, auch Banken, Versicherungen, Krankenkassen und Kaufhäuser das Recht erhalten, ihn für ihre Geschäfte zu benutzen? Und dann ist endlich von Erika Mustermann bekannt, wohin sie geht, was sie verdient, was sie einkauft, welche Hobbys sie hat, und was sie denkt . . .

„Ich weiß es auch nicht genau, aber irgendwie soll es dem Computer in der Personalabteilung die Arbeit leichter machen."

Lektion 9

B1
WS

1. Ergänzen Sie.

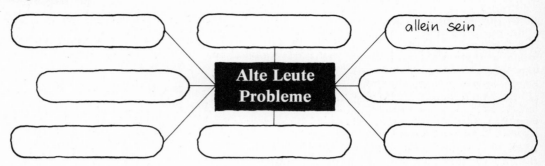

Alte Leute Probleme

allein sein

B1
GR

2. Ergänzen Sie ‚sie' oder ‚ihnen'.

a) Was kann man für alte Menschen tun,
die allein sind?
Man kann

_____ besuchen,
_____ Briefe schreiben,
_____ auf einen Spaziergang
mitnehmen,
_____ Pakete schicken,
_____ zuhören, wenn sie ihre
Sorgen erzählen,
_____ manchmal anrufen.

b) Was muß man für alte Menschen tun,
die sich nicht allein helfen können?
Man muß

_____ morgens anziehen,
_____ abends ausziehen,
_____ die Wäsche waschen,
_____ das Essen bringen,
_____ waschen,
_____ im Haus helfen,
_____ ins Bett bringen.

B1
GR

3. Alt sein heißt oft allein sein. Ergänzen Sie ‚sie', ‚ihr' oder ‚sich'.

Frau Möhring fühlt _____ oft allein.
Sie hat niemand, der _____ zuhört, wenn sie Sorgen
hat oder wenn sie _____ unterhalten will.
Sie muß _____ selbst helfen, weil niemand _____ hilft.
Niemand besucht _____, niemand schreibt _____,
niemand ruft _____ an.
Aber ab nächsten Monat bekommt sie einen Platz im Altersheim.
Sie freut _____ schon, daß sie dann endlich wieder unter
Menschen ist.

B1
SA

4. Kursbuch S. 110: Lesen Sie noch einmal den Brief von Frau Simmet. Schreiben Sie:

Familie Simmet wohnt seit vier Jahren mit der Mutter von Frau Simmet
zusammen, weil ihr Vater gestorben ist. Ihre Mutter kann...

_____

_____

_____

5. Sagen Sie es anders.

a) Ist das Ihr Haus?   *Gehört das Haus Ihnen?*

b) Da kommt Karin. Ist das ihr Schlüssel? _____

c) Ist das euer Paket? _____

d) Du kennst doch Rolf und Ingrid. Ist das ihr Wagen? _____

e) Ist das sein Ausweis? _____

f) Herr Baumann, ist das Ihre Tasche? _____

g) Das ist mein Geld! _____

h) Sind das eure Bücher? _____

i) Sind das Ihre Pakete, Frau Simmet? _____

j) Gestern habe ich Linda und Bettina getroffen.
   Das sind ihre Fotos. _____

6. ,auf', ,für', ,mit', ,über', ,von' oder ,zu'.

a) Die Großeltern können _____ die Kinder aufpassen, wenn die Eltern abends weggehen.

b) Man muß den Eltern _____ alles danken, was sie getan haben.

c) Viele alte Leute erzählen immer nur _____ früher.

d) Viele Eltern sind _____ ihre Kinder enttäuscht, wenn sie im Alter allein sind.

e) Mein Mann ärgert sich jeden Tag _____ Großmutter.

f) Die Großeltern warten oft _____ Besuch von ihren Kindern.

g) Ich unterhalte mich gern _____ meinem Großvater _____ Politik.

h) Ich meine, die alten Leute gehören _____ uns.

i) Die Kinder spielen gern _____ den Großeltern.

j) Großmutter regt sich immer _____ Ingrids Kleider auf.

k Letzte Woche haben 10 000 Rentner _____ höhere Renten demonstriert.

l) Ich finde es interessant, wenn meine Großeltern _____ ihre Jugendzeit erzählen.

7. ,Wofür', ,wogegen', ,woher', ,wohin', ,wonach', ,woran', ,worauf', ,worüber', ,wovon', ,zwischen was'? Fragen Sie.

a) Ich denke gerade <u>an meinen Urlaub.</u>   *Woran denkst du gerade?*
   Ebenso:

b) Im Urlaub fahre ich <u>nach Schweden.</u> _____

c) Wir haben <u>gegen die Arbeitslosigkeit</u> demonstriert. _____

d) Ich freue mich schon <u>auf den Besuch der Großeltern.</u> _____

e) Der Mann hat <u>nach der Adresse des Altersheims</u> gefragt. _____

f) Ich möchte mich <u>über das laute Hotelzimmer</u> beschweren. _____

g) Ich denke oft <u>über mein Leben</u> nach. _____

h) Wir können <u>zwischen Kaffee und Tee</u> wählen. _____

i) Ich komme <u>aus Jugoslawien.</u> _____

j) Ich habe mein ganzes Geld <u>für Bücher</u> ausgegeben. _____

k) Karin hat uns lange <u>von ihrer Reise</u> erzählt. _____

l) Viele Rentner sind <u>über die Politik</u> der Bundesregierung enttäuscht. _____

Lektion 9

8. Was können Sie auch sagen?

a) *Ich danke dir für das schöne Geschenk.*
  - Ⓐ Ich denke wegen des schönen Geschenks an dich.
  - Ⓑ Das ist ein schönes Geschenk. Vielen Dank!
  - Ⓒ Du freust dich über das schöne Geschenk.

b) *Das Kind gehört ins Bett.*
  - Ⓐ Das Kind sollte ins Bett gehen.
  - Ⓑ Ich höre, das Kind ist im Bett.
  - Ⓒ Das Kind hört im Bett Musik.

c) *Wir wären traurig, wenn die Großeltern nicht mehr da wären.*
  - Ⓐ Wir wären traurig, wenn die Großeltern schon tot wären.
  - Ⓑ Wir sind traurig, weil die Großeltern weggegangen sind.
  - Ⓒ Wir wären traurig, wenn die Großeltern noch nicht kommen würden.

d) *Carola wünscht sich ein Buch zum Geburtstag.*
  - Ⓐ Carola möchte ein Buch zum Geburtstag haben.
  - Ⓑ Carola wünscht ihr ein Buch zum Geburtstag.
  - Ⓒ Sie wünscht Carola ein Buch zum Geburtstag.

e) *Kannst du mir denn nicht zuhören?*
  - Ⓐ Kannst du denn nicht zu mir gehören?
  - Ⓑ Kannst du mich denn nicht hören?
  - Ⓒ Hör doch bitte mal zu, was ich sage.

f) *Sie kann sich überhaupt nicht mehr helfen.*
  - Ⓐ Ich kann ihr überhaupt nicht mehr helfen.
  - Ⓑ Sie kann ihr überhaupt nicht mehr helfen.
  - Ⓒ Andere Leute müssen ihr helfen.

9. Ergänzen Sie.

Alte Leute schönes Leben

Freizeit

10. Was paßt nicht?

Dach:	Haus – Hof – Garage – Auto
spielen:	Karten – Theater – Gitarre – Fahrrad
Verein:	Fußball spielen – Sport treiben – Fernsehen – Musik machen
Handwerker:	Bäcker – Mechaniker – Bauer – Tischler

11. Wie heißen die fehlenden Wörter?

Pflaster	Handwerker	Seife	Bürste	Steckdose
Farbe	Regal	Bleistift	Werkzeug	Zettel

Heute will Herr Baumann endlich das _____ für die Küche bauen. Das ist nicht schwer für ihn, weil er _____ ist. Zuerst macht er einen Plan. Dazu braucht er einen _____ und einen _____. Dann holt er das Holz und das _____. Um die Teile zu schneiden, braucht er Strom. Wo ist denn bloß eine _____? Au! Jetzt hat er sich in den Finger geschnitten und braucht ein _____. Er ist fast fertig, nur die _____ fehlt noch. Es soll nämlich grün werden. Zum Schluß ist Herr Baumann ganz schmutzig. Er geht zum Waschbecken, nimmt die _____ und eine _____ und macht die Hände sauber.

12. Wo steht das Pronomen? Setzen Sie ein.

a) Diese Suppe schmeckt toll. Kochst du _____ mir _die_ auch mal? (die)

b) Das ist mein neuer Mantel. Meine Eltern haben _____ mir _____ geschenkt. (ihn).

c) Diese Frage ist sehr schwierig. Kannst du _____ Hans _____ vielleicht erklären? (sie)

d) Ich möchte heute abend ins Kino gehen. Erlaubst du _____ mir _____? (das)

e) Diese Lampe nehme ich. Können Sie _____ mir _____ bitte einpacken? (sie)

f) Ich brauche die Streichhölzer. Gibst du _____ mir _____ mal? (die)

g) Wie findest du die Uhr? Willst du _____ deiner Freundin _____ nicht zum Geburtstag schenken? (sie)

h) Wir haben hier einen Brief in arabischer Sprache. Können Sie _____ uns _____ bitte übersetzen? (den)

i) Die Kinder wissen nicht, wie man den Fernseher anmacht. Zeigst du _____ ihnen _____ mal? (es)

j) Das sind französische Zigaretten. Ich habe _____ meinem Lehrer _____ aus Frankreich mitgebracht. (sie)

Lektion 9

13. Ihre Grammatik. Ergänzen Sie.

B2
GR

a) Können Sie mir bitte die Grammatik erklären?
b) Können Sie mir die Grammatik bitte erklären?
c) Können Sie mir die bitte erklären?
d) Können Sie sie mir bitte erklären?
e) Ich habe meinem Bruder gestern mein neues Auto gezeigt.
f) Holst du mir bitte die Seife?
g) Ich suche dir gern deine Brille.
h) Ich bringe dir dein Werkzeug sofort.
i) Zeig mir das doch mal!
j) Ich zeige es dir gleich.
k) Geben Sie mir die Lampe jetzt?
l) Holen Sie sie sich doch!
m) Dann können sie mir das Geld ja vielleicht schicken.
n) Diesen Mantel habe ich ihr vorige Woche gekauft.

Inversions-signal	Subjekt	Verb	Subjekt	unbetonte obligatorische Ergänzung			Angabe	obligatorische Ergänzung	Verb
				Akkusativ (Personal-pronomen)	Dativ (Pers.-Pron.)	Akkusativ (Nomen / Definit.-Pron.)			
a)		können	Sie		mir		bitte	die Grammatik	erklären?
b)									
c)									
d)									
e)									
f)									
g)									
h)									
i)									
j)									
k)									
l)									
m)									
n)									

102

14. Was hat Herr Schibilsky, Rentner, 66, gestern alles gemacht? Schreiben Sie.

a) _Um 8 Uhr hat er die Kinder in die Schule gebracht._

b) _____

c) _____

d) _____

e) _____

f) _____

g) _____

h) _____

i) _____

j) _____

k) _____

l) _____

Lektion 9

B2
BD

15. Sagen die Sätze dasselbe oder nicht?

a) Als Angestellter verdiene ich mehr.
b) Als Herr Meyer Rentner wurde, hat er sich endlich einen Wagen gekauft.
c) Frau Beyer ist Rentnerin. Als Sekretärin hat sie nicht viel Freizeit gehabt.
d) Mein Freund ißt mehr als ich.
e) Ich bin Lehrer. Ich bin nicht so zufrieden, wie ich als Student war.
f) Als Herr Friedel nach Hause kam, war seine Frau froh.

— Ich verdiene mehr als ein Angestellter.
— Bevor Herr Meyer Rentner wurde, hatte er keinen Wagen.
— Frau Beyer ist Rentnerin. Als sie noch Sekretärin war, hat sie nicht viel Freizeit gehabt.
— Mein Freund ißt mehr, als ich esse.
— Ich bin Lehrer. Als ich noch Student war, war ich zufriedener als heute.
— Wenn Herr Friedel nach Hause kommen würde, wäre seine Frau froh.

	a)	b)	c)	d)	e)	f)
dasselbe						
nicht dasselbe	✕					

B2
BD

16. Was kann man auch sagen?

a) *Fühlt er sich jetzt wohl?*
　Ⓐ Wie fühlt er sich wohl jetzt?
　Ⓑ Ist er jetzt zufrieden?
　Ⓒ Ist er jetzt verrückt?

b) *Ich repariere gerade das Radio.*
　Ⓐ Das Radio ist jetzt fertig.
　Ⓑ Ich habe das Radio repariert.
　Ⓒ Im Moment repariere ich das Radio.

c) *Hast du ein bißchen Zeit?*
　Ⓐ Hast du viel Zeit?
　Ⓑ Hast du ein paar Minuten Zeit?
　Ⓒ Hast du wenig Zeit?

d) *Ich finde die Idee nicht schlecht.*
　Ⓐ Ich finde schlecht eine Idee.
　Ⓑ Ich finde, die Idee ist gut.
　Ⓒ Ich habe eine gute Idee.

e) *Frau Petzold steht morgens gewöhnlich um 6.00 Uhr auf.*
　Ⓐ Frau Petzold steht morgens immer um 6.00 Uhr auf.
　Ⓑ Frau Petzold steht morgens manchmal um 6.00 Uhr auf.
　Ⓒ Frau Petzold steht morgens meistens um 6.00 Uhr auf.

f) *Er paßt auf den Hund auf.*
　Ⓐ Er bleibt bei dem Hund, damit der Hund keinen Unsinn macht.
　Ⓑ Er wartet auf den Hund.
　Ⓒ Er wartet, daß der Hund Unsinn macht.

g) *Sie macht diese Arbeit selbst.*
　Ⓐ Sie möchte nicht, daß ein anderer diese Arbeit macht.
　Ⓑ Sie läßt diese Arbeit machen.
　Ⓒ Sie macht sogar diese Arbeit.

h) *Du mußt dich beeilen.*
　Ⓐ Du mußt ein Ei kochen.
　Ⓑ Du bist fertig.
　Ⓒ Du hast nicht mehr viel Zeit.

i) *Er geht abends immer im Stadtpark spazieren.*
　Ⓐ Er geht abends jeden Tag im Stadtpark spazieren.
　Ⓑ Oft geht er abends im Stadtpark spazieren.
　Ⓒ Abends geht er gewöhnlich im Stadtpark spazieren.

17. Ergänzen Sie.

B3
WS

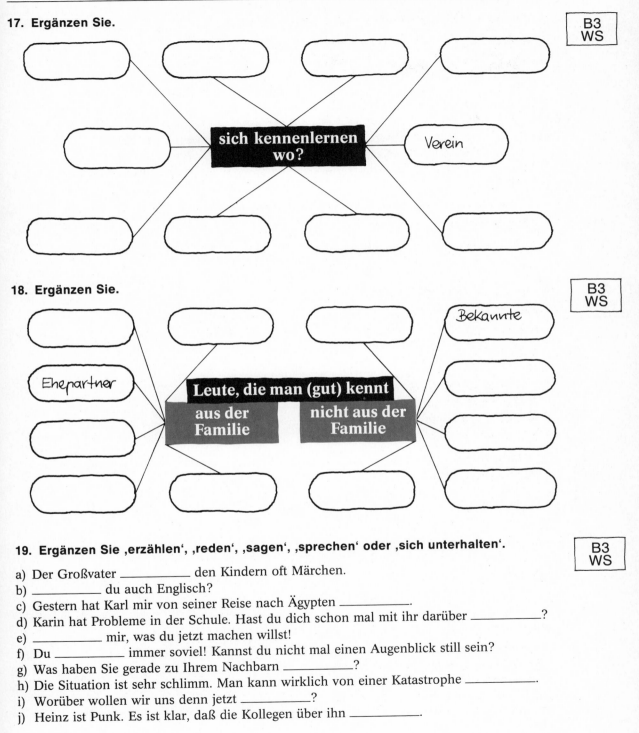

sich kennenlernen wo?

Verein

18. Ergänzen Sie.

B3
WS

Bekannte

Ehepartner

Leute, die man (gut) kennt

aus der Familie

nicht aus der Familie

19. Ergänzen Sie ‚erzählen‘, ‚reden‘, ‚sagen‘, ‚sprechen‘ oder ‚sich unterhalten‘.

B3
WS

a) Der Großvater _____ den Kindern oft Märchen.

b) _____ du auch Englisch?

c) Gestern hat Karl mir von seiner Reise nach Ägypten _____.

d) Karin hat Probleme in der Schule. Hast du dich schon mal mit ihr darüber _____?

e) _____ mir, was du jetzt machen willst!

f) Du _____ immer soviel! Kannst du nicht mal einen Augenblick still sein?

g) Was haben Sie gerade zu Ihrem Nachbarn _____?

h) Die Situation ist sehr schlimm. Man kann wirklich von einer Katastrophe _____.

i) Worüber wollen wir uns denn jetzt _____?

j) Heinz ist Punk. Es ist klar, daß die Kollegen über ihn _____.

Lektion 9

B3
WS

20. Ergänzen Sie ‚sich setzen‘, ‚sitzen‘, ‚stehen‘ oder ‚liegen‘.

a) Mein Zimmer ist sehr niedrig. Man kann kaum _____ .

b) Bitte _____ sie sich doch!

c) Anja _____ schon im Bett.

d) Ich _____ nicht so gern im Sessel, sondern lieber auf einem Stuhl.

e) Gelsenkirchen _____ bei Essen.

f) Wo _____ der Schnaps denn?

g) Es gab keine Sitzplätze mehr im Theater. Deshalb mußten wir _____ .

h) Im Deutschkurs hat Angela sich zu mir _____ .

i) Im Restaurant habe ich neben Carlo _____ .

j) Deine Brille _____ im Regal.

B3
GR

21. Sagen Sie es anders.

a) Sie hat ihn in der U-Bahn kennengelernt, er hat sie in der U-Bahn kennengelernt.
   Sie haben sich in der U-Bahn kennengelernt.
   Ebenso:

b) Ich liebe dich, du liebst mich.

c) Er besucht sie, sie besucht ihn.

d) Ich helfe Ihnen, Sie helfen mir.

e) Ich höre Sie, Sie hören mich.

f) Ich sehe Sie morgen, Sie sehen mich morgen.

g) Er kann sie gut leiden, sie kann ihn gut leiden.

h) Er hat ihr Briefe geschrieben, sie hat ihm Briefe geschrieben.

i) Du brauchst ihn, er braucht dich.

j) Er wünscht sich ein Auto, sie wünscht sich ein Auto.

B3
GR

22. Sagen Sie es anders. Benutzen Sie die Wörter: ‚als‘, ‚bevor‘, ‚bis‘, ‚nachdem‘, ‚während‘, ‚weil‘, ‚wenn‘.

a) Bei Regen gehe ich nie aus dem Haus.
   Wenn es regnet, gehe ich nie aus dem Haus.

   Ebenso:

b) Vor seiner Heirat hat er viele Mädchen gekannt.

_____

c) Nach dem Essen trinke ich gern einen Schnaps.

_____

d) Wegen meiner Liebe zu dir schreibe ich dir jede Woche einen Brief.

e) Auf meiner Fahrt nach Spanien habe ich ein tolles Mädchen kennengelernt.

f) Es dauert noch ein bißchen bis zum Anfang des Films.

g) Bei Schnee ist die Welt ganz weiß.

h) Bei seinem Tod haben alle geweint.

i) Während des Streiks der Kollegen habe ich gearbeitet.

Georgios Kafentzis

* 16.1.1931   † 14.2.1984

In stiller Trauer:

Ewangeli Kafentzis als Mutter
Familie Heinz Lorey
und alle Angehörigen in Griechenland

Bielefeld 1, Am Stadtwald 17
Metropolis, Athen, Saloniki,
Volos, Villa Bruna (Italien)

Die Beerdigung findet am Montag, dem 20. Februar, auf dem Sennefriedhof statt.

Beginn der Trauerfeier um 11.15 Uhr in der neuen Kapelle.

Am 14. Februar 1984 verstarb im Alter von 69 Jahren unser ehemaliger Mitarbeiter

Herr

Albert Schulze

4800 Bielefeld 1, Bonner Straße 61

Der Verstorbene war unserem Hause durch eine über 21jährige Tätigkeit verbunden.

Wir werden sein Andenken in Ehren halten.

Aufsichtsrat, Geschäftsleitung, Betriebsrat und Belegschaft der Firma
HORST SCHAPER KG.

Die Beerdigung findet am Freitag, dem 17. Februar 1984, auf dem Sennefriedhof statt. Beginn der Trauerfeier um 13.15 Uhr in der neuen Kapelle.

Heute nahm Gott der Herr unsere liebe Mutter und Schwiegermutter, unsere gute Oma, Schwester, Schwägerin und Tante

Maria Mayer
geb. Knoppe

im gesegneten Alter von 91 Jahren zu sich in seine ewige Herrlichkeit.

Sie war wohlvorbereitet durch ein christliches Leben und die hl. Sakramente unserer Kirche.

Der Herr lasse sie ruhen in Frieden!

Im Namen aller, die um sie trauern:

Martha Mayer
Karl-Heinz Mayer
Gerda Mayer, geb. Knoke
Peter, Birgit und Ulla Mayer
Uta Herschel, geb. Mayer
Georg Herschel
Edward Krempe, Pfarrer

4800 Bielefeld 14, Südstraße 69
den 15. Februar 1984

Die Beerdigung ist am Montag, dem 20. Februar 1984, um 14 Uhr von der neuen Kapelle des Sennefriedhofes aus, anschließend feiern wir um 15.15 Uhr das Seelenamt in der kath. Kirche St. Michael in Ummeln.

Diese Rentnergruppe besetzte das Haus Auguststraße 5.
Mit dabei: die 94jährige Wilhelmine Kilimann (3. von links)

Als die Rentner kamen . . .

Unser Reporter besuchte in Gelsenkirchen Deutschlands älteste Hausbesetzer

Der Kaffeetisch der alten Dame ist liebevoll gedeckt: Tassen mit Blumenmuster, weiße Papierservietten, in der Mitte steht der Aprikosenkuchen. „Nehmen Sie, junger Mann, der ist selbstgemacht", sagt die Hausfrau Hannelore Beutler in der Wohnküche. Mit 41 Jahren ist sie die Jüngste in der Runde. Die grauhaarige Seniorin Wilhelmine Kilimann, 94 Jahre alt, sieht mich erwartungsvoll an. Ich nehme gern ein Stück. Die sechs Damen, die mit mir am Tisch sitzen, können ausgezeichnet Kuchen backen. Aber nicht deshalb sind sie in die Schlagzeilen gekommen: die Witwen und Hausfrauen sind die ältesten Hausbesetzer in der Bundesrepublik.

Das zweistöckige Haus in der Auguststraße 5 in Gelsenkirchen gehört zu einer Bergarbeitersiedlung der Kohlenzeche „Graf Bismarck" und wurde 1888 gebaut. Als die Zeche vor 15 Jahren geschlossen wurde, zogen viele Bewohner in andere Städte. Die Älteren blieben in der Siedlung, in die leeren Wohnungen kamen ausländische Arbeitnehmer. Vor sechs Jahren verkaufte die Zechengesellschaft die 152 Wohnungen der Siedlung. Der neue Besitzer wollte die Zechenhäuser abreißen und neue, teure Wohnblocks bauen lassen. Aber da protestierten die Bewohner im Rathaus. Die Stadtverwaltung machte einen Vorschlag: die meisten Häuser sollten stehen bleiben; nur vier sollten für ein Altersheim Platz machen. Aber auch das wollten die Alten nicht.

An einem Samstagabend im Februar wurden sie aktiv: sie brachen das Haus Nr. 5 in der Auguststraße auf. „Das ging ruck, zuck, und schon waren wir drin", erinnert sich die 62jährige Johanna Prella, Witwe eines Bergarbeiters. In einer Woche renovierten die alten Leute mit ihren Nachbarn den Altbau. Die Türen bekamen neue Farbe, kaputte Fensterscheiben wurden erneuert, Tapeten geklebt, ein Waschbecken montiert. Strom bekamen die illegalen Bewohner von Freunden aus dem Nachbarhaus.

„Am Anfang habe ich Angst gehabt, ob das alles klappt", sagt die 66jährige Rentnerin Elfrieda Kilimann. Im Kriegsjahr 1914 ist sie in einem der Häuser geboren worden, das jetzt abgerissen werden soll. Das kleine Haus in der Auguststraße 3 ist ihr Leben: Taufe, Konfirmation, Heirat und Geburt ihres Sohnes. Nach den Bombennächten des Zweiten Weltkrieges reparierten sie und ihr Mann eigenhändig das kaputte Dach. Vor drei Jahren starb ihr Mann, der auf der Zeche gearbeitet hatte.

Seit 1888 stehen die Bergarbeiterhäuser in der Auguststraße

Seitdem wird das Licht in dem besetzten Haus kaum noch ausgemacht. Montags ist bunter Abend mit Nachbarn, Freunden und Enkelkindern. Mittwochs spielt eine Theatergruppe der Rentner. Freitags werden Volkslieder gesungen. Jeden Sonntag kommt der Pfarrer.

Als am zweiten Tag der Hausbesetzung die Polizei kam, blieb alles ruhig. Die Beamten ließen sich das Haus zeigen und hörten sich die Sorgen der alten Leute an. Zum Schluß schrieben sie ihre Namen in das Gästebuch.

Natürlich will der neue Hausbesitzer, daß die alten Leute wieder ausziehen. „Von unseren Kollegen können wir noch etwas lernen", sagt die Pensionärin Johanna Prella. Mit den „Kollegen" meint sie die jugendlichen Hausbesetzer in Freiburg, Berlin und Amsterdam: „Früher waren das für mich nur langhaarige Protestierer." Heute versteht sie die jungen Leute, die sich selbst helfen, besser. Und neue Pläne hat sie auch schon: „Wenn wir hier ausziehen müssen, dann wird das nächste Haus besetzt!"

Bernhard Katsch

Opa happy machen

Offen gesagt: Wir hatten Opa vollkommen vergessen. Das letztemal hatten wir ihn bei seinem 85. Geburtstag gesehen. Das war vor drei Jahren. Da war er aus dem Hinterzimmer, in dem er mit seinen Kaninchen lebt, herausgekommen, um sich feiern zu lassen.

Aber nicht genug damit: Nach dem Essen mußten wir mit ihm Schafskopf spielen. Als er dann – von einem Gläschen Kräuterlikör angeschickert – Geschichten aus seiner Jugendzeit erzählte, sagte meine Frau leise zu mir: „Es ist schon eine Last mit alten Leuten."

Opa, ansonsten taub auf beiden Ohren, zog sich beleidigt in sein Zimmer zurück und schloß sich dort ein. Das hatten wir nun von unserer Freundlichkeit. „Soll er schmollen, bis er hundert wird", meinte meine Frau. Opa schwand aus unserem Bewußtsein.

Neulich sahen wir dann die Fernsehsendung über „Die Rolle des alten Menschen in unserer Gesellschaft". Alte Leute wurden gezeigt und interviewt. Sie warteten – von allen gemieden, ohne Beschäftigung – nur noch auf den Tod. Meine Frau konnte die Pralinen nur noch unter Schluchzen in den Mund schieben. Ich murmelte: „Ja, soll das denn wahr sein? Gibt's so was denn überhaupt?"

Fast hatten wir uns schon wieder beruhigt, da kam uns Opa in den Sinn. „Himmel", rief meine Frau, „ob er wohl noch lebt?" Wir faßten uns ein Herz und öffneten die Tür zu Opas Zimmer. Ei, da saß er ja – aufrecht im Sessel, einen Kohlstrunk in den Händen.

„Opa", riefen wir, „sei fröhlich. Wir sehen dich jetzt mit ganz anderen Augen. Du darfst wieder mit uns am Tisch essen und im Wohnzimmer Pfeifchen rauchen." Opa antwortete nicht. Er redete nur noch mit seinen Kaninchen. Wir waren ziemlich ratlos.

Dann aber erinnerten wir uns an die Stelle der Fernsehsendung, in der ein Professor gesagt hatte: „Ein wichtiger Faktor für die Rückgliederung alter Menschen in die Gesellschaft ist eine sinnvolle Beschäftigung." Wir drückten Opa den Staubsauger in die Hand und stellten einen Dienstplan auf:

Montags bringt Opa Flaschen weg. Dienstags: Gartenarbeit. Mittwochs darf er unseren Wagen waschen. Donnerstags: Teppich klopfen, Wäsche aufhängen. Freitags: Fenster putzen, Treppenhaus reinigen. An Wochenenden kann er gammeln, bis er vor Langeweile von sich aus Staub wischt und die Schuhe putzt. Wenn Opa nun nicht happy ist, können wir ihm auch nicht helfen. Dann liegt es eben an seinem Charakter.

1. Wie heißen diese Dinge?

WS

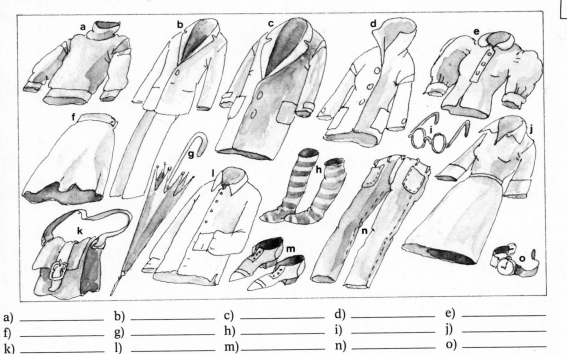

a) _____ b) _____ c) _____ d) _____ e) _____

f) _____ g) _____ h) _____ i) _____ j) _____

k) _____ l) _____ m) _____ n) _____ o) _____

2. Wie sind die Menschen?

WS

bescheiden   dick   müde   gefährlich   traurig   vorsichtig

schmutzig   nervös   ruhig   arm   sparsam   pünktlich

a) Ingeborg wiegt zuviel. Sie ist zu _____.

b) Erich hat sehr wenig Geld, er ist _____.

c) Viele Leute haben Angst, wenn sie Punks sehen. Sie glauben, Punks sind _____.

d) Meine kleine Tochter wäscht sich nicht gerne. Sie ist meistens _____.

e) Silvia gibt wenig Geld aus. Sie ist eine _____ Hausfrau.

f) Herr Berg kommt nie zu früh und nie zu spät. Er ist immer _____.

g) Peter erzählt selbst sehr wenig, er hört lieber zu. Er ist ein sehr _____ Mensch.

h) Albert regt sich über alles auf. Er ist ziemlich _____.

i) Hans schläft oft sehr schlecht. Deshalb ist er morgens oft _____.

j) Jörg lacht sehr selten. Meistens sieht er sehr _____ aus.

k) Veronika fährt immer langsam und paßt gut auf. Sie ist eine _____ Autofahrerin.

l) Frau Wertz hat selten Wünsche. Sie ist meistens _____.

Lektion 10

GR

3. Birgit weiß auch noch nichts.

Birgits Freund Werner hatte einen Autounfall. Eine Freundin ruft sie an und fragt nach Werner, aber Birgit weiß selbst noch nichts. Was sagt Birgit?

Ergänzen Sie.

a) ○ Sind seine Verletzungen gefährlich?
   □ Ich weiß auch noch nicht, ob *seine Verletzungen ge* _____

b) ○ Wie lange muß er im Krankenhaus bleiben?
   □ Der Arzt konnte mir noch nicht sagen, wie lange _____

c) ○ Wo ist der Unfall passiert?
   □ Ich habe noch nicht gefragt, _____

d) ○ War noch jemand im Auto?
   □ Ich kann dir nicht sagen, _____

e) ○ Wohin wollte er denn fahren?
   □ Er hat mir nicht erzählt, _____

f) ○ Ist der Wagen ganz kaputt?
   □ Ich weiß nicht, _____

g) ○ Kann man ihn schon besuchen?
   □ Ich habe den Arzt noch nicht gefragt, _____

h) ○ Bezahlt die Versicherung die Reparatur des Wagens?
   □ Ich habe die Versicherung noch nicht gefragt, _____

GR

4. Wie heißen die Sätze richtig?

a) Kurt ist ein guter Autofahrer, obwohl / seinen / er / zwei Monaten / erst / hat / Führerschein / seit / .

Ebenso:

b) Der Motor zieht nicht richtig, obwohl / Werkstatt / in / letzte / war / Woche / erst / der / der / Wagen / .

c) Ich nehme jetzt einen Kleinwagen, denn / Benzin / der / weniger / braucht / .

d) Ich muß den Wagen jetzt abholen, weil / morgen / ich / Zeit / keine / habe / .

e) Kannst du den Wagen in der Werkstatt anmelden, bevor / zur / gehst / du / Arbeit / ?

f) Herr Kohnen hat sich darüber gefreut, daß / so / hat / wenig / die / gekostet / Reparatur / .

g) Kleinwagen sparen Benzin, aber / große / klein / eine / zu / Familie / für / sind / sie / .

h) Ich habe schon einmal den Führerschein verloren, deshalb / Alkohol / kann / mehr / Autofahrt / keinen / ich / einer / vor / trinken / .

5. Sagen Sie es anders. Verwenden Sie die Wörter ‚bevor‘, ‚als‘ oder ‚während‘.

a) Adele hat Kinderschwester gelernt. Danach hat sie geheiratet.

Bevor Adele geheiratet hat, hat sie Kinderschwester gelernt.

Ebenso:

b) Maria hat zuerst mit ihrer Mutter alleine gelebt. Danach hat sie bei ihrem Großvater gewohnt.

c) Maria war gerade zwei Jahre alt, da ist ihr Vater gestorben.

d) Adeles Mutter hat nachmittags immer geschlafen. In dieser Zeit durften die Kinder nicht spielen.

e) Ulrike ist noch zur Schule gegangen, da ist sie schon zu Hause ausgezogen.

6. Alltagstrott

Für Petra Maurer war gestern ein ganz normaler Tag. Schreiben Sie, was Petra gemacht hat. Benutzen Sie auch ‚dann‘, ‚danach‘, ‚später‘, ‚zuerst‘, ‚als‘, ‚aber‘, ‚deshalb‘.

– Wecker klingelt 6.45 Uhr	– 8.35 Uhr Arbeit anfangen
– noch 10 Minuten im Bett bleiben	– vier Briefe schreiben
– aufstehen	– zwei Briefe aus Spanien übersetzen
– Haare waschen	– Schreibmaschine kaputt gehen, nicht selbst reparieren können
– sich wiegen	
– Kaffee trinken	– früher aufhören
– Auto aus Garage holen	– nach Hause fahren
– Kollegin abholen	– zu Hause Suppe kochen und essen
– tanken müssen	– zwei Stunden fernsehen
– zum Büro fahren	– 5 Zigaretten rauchen
– hoffen, schnell Parkplatz zu finden	– im Bett lesen
– 15 Minuten suchen müssen	– um 11.30 Uhr einschlafen

Um 6.45 Uhr hat der Wecker geklingelt, aber Petra ist noch zehn Minuten ...
Dann ist sie ...

7. Welches Wort paßt wo? Ergänzen Sie.

~~Dose~~	Sprache	Heizung	Brot	Buch	Päckchen	Radio	Flasche	Licht
Frage	Stelle	Brief	Schule	Antwort	Fleisch	Universität		Geld
Kühlschrank	Leute	Film	Fahrrad	Kuchen	Kleidung			Apparat
Paket	Gemüse	Deutsch	Tür	Koffer	Platz			Beruf

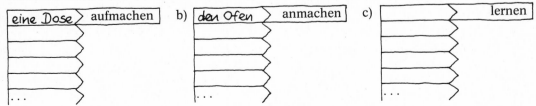

a) *eine Dose* › aufmachen   b) *den Ofen* › anmachen   c) › lernen

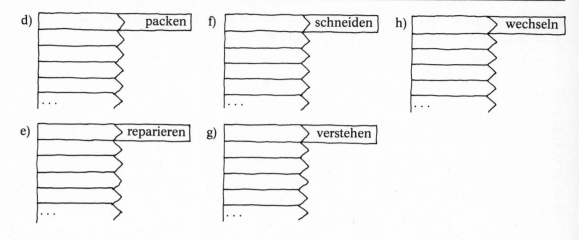

8. Welches Wort paßt wo? Ergänzen Sie.

vom Urlaub   mit der Schule   für den Brief   über ihren Hund   von seinem Bruder
mit der Untersuchung   um eine Zigarette   auf das Wochenende   auf den Urlaub
auf eine bessere Regierung   mit dem Frühstück   um die Adresse   um eine Antwort
für die Verspätung   auf besseres Wetter   mit der Arbeit   von ihrem Unfall
über die Regierung   auf das Essen   für ein Haus   um Feuer   über den Sportverein
auf Sonne   für die schlechte Qualität   von seiner Krankheit   um Auskunft
für eine Schiffsreise   für meine Tochter   auf den Sommer

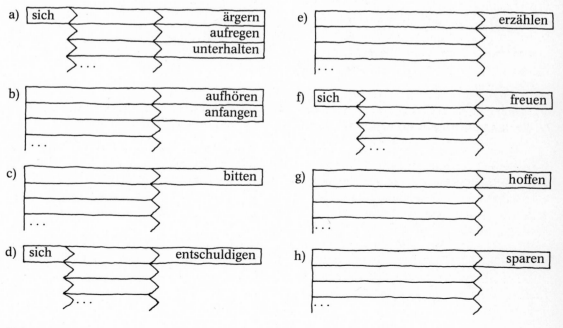

9. Sagen Sie es anders. Verwenden Sie einen Infinitivsatz oder einen ‚daß-Satz'. Manchmal sind auch beide möglich. `GR`

a) Skifahren kann man leicht lernen. Versuch es doch mal!

Versuch doch mal, Skifahren zu lernen. Es ist leicht.

Ebenso:
b) Im nächsten Sommer fahren wir wieder in die Türkei. Das verspreche ich dir.
c) Bei diesem Wetter willst du das Auto waschen? Das hat doch keinen Zweck.
d) Ich suche meinen Regenschirm. Kannst du mir helfen?
e) Es schneit nicht mehr. Es hat aufgehört.
f) Du wolltest doch mit uns Fußball spielen. Hast du das vergessen?
g) Ihr wollt Fahrrad fahren? Bei diesem Nebel habe ich keine Lust.
h) Heute gehe ich nicht schwimmen. Ich habe keine Zeit.
i) Ich finde, wir sollten mal wieder essen gehen.

10. Herr Petersen möchte nur noch vier Stunden pro Tag arbeiten. Er sagt auch, warum er das möchte. Sagen Sie es anders. `GR`

a) Ich möchte nur noch vier Stunden pro Tag arbeiten,
   weil ich dann mehr Zeit für meine Hobbys habe.

   um mehr Zeit für meine Hobbys zu haben.
   damit ich mehr Zeit für meine Hobbys habe.

Ebenso: (Sätze mit ‚um . . . zu' sind nicht immer möglich!)
b) weil ich dann morgens länger schlafen kann.
c) weil meine Kinder mich dann öfter sehen.
d) weil meine Frau dann wieder arbeiten kann.
e) weil ich dann ruhiger leben kann.
f) weil ich meine Freunde dann öfter treffen kann.
g) weil meine Frau und ich dann öfter zusammen sind.
h) weil ich dann öfter im Garten arbeiten kann.

11. Erinnern Sie sich noch an Frau Bauer? Sie hat ihre Freundin Christa gefragt, was sie machen soll. Das sind Christas Antworten. Sagen Sie es anders. `GR`

a) Er kann dir doch im Haushalt helfen. *Er könnte*
b) Back ihm doch keinen Kuchen mehr. *Ich würde ihm*
c) Kauf dir doch wieder ein Auto.
d) Er muß sich eine neue Stelle suchen.
e) Er soll sich neue Freunde suchen.
f) Ärger dich doch nicht über ihn.
g) Er kann doch morgens spazierengehen.
h) Sag ihm doch mal deine Meinung.
i) Er soll selbst einkaufen gehen.
j) Sprich doch mal mit ihm über
   euer Problem.

115

Lektion 10

WS

12. Was paßt wo? Ergänzen Sie.

| falsch | schlank | scharf | schwierig | breit | sympathisch | ~~gelb~~ |
| niedrig | feucht | froh | jung | heiß | verwandt | preiswert |

a) rot – blau – _gelb_

b) kurz – lang – _____

c) einfach – leicht – _____

d) dick – dünn – _____

e) kalt – warm – _____

f) klein – hoch – _____

g) süß – sauer – _____

h) teuer – billig – _____

i) wahr – richtig – _____

j) zufrieden – glücklich – _____

k) naß – trocken – _____

l) fremd – bekannt – _____

m) freundlich – nett – _____

n) neu – modern – _____

WS

13. Was paßt wo? Ergänzen Sie.

a) Verkehr

_____
_____
_____
_____

d) Wetter

_____
_____
_____
_____

g) Natur

_____
_____
_____
_____

j) Betrieb

_____
_____
_____
_____

b) Zeit

_____
_____
_____
_____

e) Post

_____
_____
_____
_____

h) Familie

_____
_____
_____
_____

k) Technik

_____
_____
_____
_____

c) Politik

_____
_____
_____
_____

f) Tiere

_____
_____
_____
_____

i) Schule

_____
_____
_____
_____

l) Geld

_____
_____
_____
_____

Briefumschlag	Lehrer	Schwester	Kollege	Unfall	Päckchen
Eltern	Briefmarke	Monat	Partei	Rechnung	Baum	Wald	Nebel
Paket	Kinder	Industrie	Uhr	Prüfung	Panne	Schnee	Krieg
Zeugnis	Versicherung	Maschine	Angestellter	Katze	Schwein	Sonne
Tag	Gewerkschaft	Gewitter	Pflanze	Verwandte	Elektromotor	Steuer
Datum	Vogel	Führerschein	Bank	Werkstatt	Betriebsrat	Fahrplan
Stunde	Fisch	Regierung	Unterricht	Konto	Kilometer	Regen	Arbeiter
Telegramm	Bruder	Klasse	Hund	Wahl	Apparat	Abteilung	Meer	Blume

14. Ergänzen Sie.

a) Das ist meine Schwester, _____ jetzt in Afrika lebt.

b) Das ist das Haus, _____ _____ ich lange gewohnt habe.

c) Das ist mein Bruder Bernd, _____ _____ ich dir gestern erzählt habe.

d) Hier siehst du den alten VW, _____ ich zwölf Jahre gefahren habe.

e) Das ist der Mann, _____ _____ ich den ersten Kuß bekommen habe.

f) Das sind Freunde, _____ _____ ich vor zwei Jahren im Urlaub war.

g) Das sind die Nachbarn, _____ _____ Kinder ich abends manchmal aufpasse.

h) Hier siehst du einen Bekannten, _____ Schwester mit mir studiert hat.

i) Und hier ist die Kirche, _____ _____ ich geheiratet habe.

j) Das ist die Tante, _____ alten Schrank ich bekommen habe.

k) Hier siehst du meine Großeltern, _____ jetzt im Altersheim wohnen.

15. Schlagzeilen aus der Presse. Ergänzen Sie die Präpositionen.

> zwischen während von ... bis seit nach aus auf mit durch
> unter   über   in   bis   bei   gegen   von ... nach

a) Autobahn _____ das Rothaargebirge wird doch nicht gebaut

b) Ostern: Wieder viel Verkehr _____ unseren Straßen

c) 1000 Arbeiter _____ AEG entlassen

d) U-Bahn _____ Bornum _____ List fertig: 40 000 fahren jetzt täglich _____ der Erde

e) _____ Bremen und Glasgow gibt es jetzt eine direkte Flugverbindung

f) Autobahn A 8 jetzt _____ Wilhelmshaven fertig

g) Flüge _____ den Atlantik _____ Kanada und USA werden billiger

h) Lastwagen _____ Haus gefahren

i) Theatergruppe _____ China zu Gast _____ Düsseldorf

j) Parken im Stadtzentrum _____ 9.00 _____ 18.00 Uhr jetzt ganz verboten

k) Halbe Preise bei der Bahn für Jugendliche _____ 25 und für Rentner _____ 60

l) Dieses Jahr: Viele Geschäfte _____ Weihnachten und Neujahr geschlossen

m) Stadt muß sparen: Weniger U-Bahnen _____ Mitternacht

n) Probleme in der Landwirtschaft: _____ fünf Wochen kein Regen

o) Der Sommer beginnt: _____ zwei Wochen öffnen die Schwimmbäder

p) Aktuelles Thema beim Frauenärzte-Kongreß: _____ 40 Jahren noch ein Kind?

q) Stadtbibliothek noch _____ Montag geschlossen

r) Alkoholprobleme in den Betrieben: Viele trinken auch _____ der Arbeitszeit

Lektion 10

16. Was paßt wo?

> besuchen beantragen anziehen kündigen erklären anrufen abschließen hören
> kennenlernen waschen anmelden gewinnen bauen einladen entlassen

a) das Auto
   die Tür
   das Haus

f) den Vertrag
   die Wohnung
   dem Angestellten

k) das Problem
   den Apparat
   die Grammatik

b) das Kleid
   den Mantel
   den Pullover

g) das Auto
   den Fernseher
   das Radio

l) ein Haus
   eine Straße
   eine Garage

c) Gäste
   Freunde
   Bekannte

h) das Spiel
   die Wahl
   Geld

n) das Gesicht
   die Haare
   die Bluse

d) Radio
   Musik
   Nachrichten

i) Bernd
   den Handwerker
   die Bank

m) Leute
   Menschen
   Kollegen

e) den Arbeiter
   den Angestellten
   die Sekreärin

j) ein Zeugnis
   einen Reisepaß
   einen Ausweis

o) die Schule
   Verwandte
   einen Kurs

17. Ergänzen Sie.

Wir sind ein bekannt_____ **Autohaus** in Offenbach und suchen einen freundlich_____
Automechaniker.
Wir bieten Ihnen einen interessant_____ Arbeitsplatz mit nett_____ Kollegen und einem
gut_____ Betriebsklima. Wir wünschen uns einen jung_____ Mitarbeiter mit ausgezeich-
net_____ Zeugnissen. Das gut_____ Gehalt, der sicher_____ Arbeitsplatz und die
modern_____ Werkstatt in unserem neu_____ Betrieb überzeugen Sie bestimmt.
Schreiben Sie Ihre kurz_____ Bewerbung an

Autohaus Nordwest
Giselastraße 29
Offenbach a. M.

Peter Handke

Ich war sieben Jahre alt, als ich *Durch das wilde Kurdistan* von K. May las. (Ich glaube, fast jeder könnte etwas Ähnliches berichten.) Ein seltsames Erlebnis hatte ich dann aber erst mit dem zweiten Buch, das ich ein paar Wochen später anging. Es war *Schloß Rodriganda* von demselben K. M., und das Erlebnis war der Unterschied zwischen beiden Büchern. *Durch das wilde Kurdistan* war nämlich in der Ich-Form erzählt: der Held in meinem ersten Buch war also ein »Ich«. Und in *Schloß Rodriganda* tauchte dieses »Ich« nicht mehr auf. Ich las Seite um Seite, begierig zuerst, dann enttäuscht, dann verärgert, weil das »Ich« noch immer nicht auftrat! Es war ein Gefühl des Mangels, daß die Helden von *Schloß Rodriganda* nur Leute in der dritten Person waren. Es ist mir in Erinnerung, wie ich noch in der Mitte des Buches darauf wartete, daß endlich das »Ich« erscheinen würde, als Retter aus der Not all der »Er«. Selbst am Schluß, im Moment der völligen Ausweglosigkeit, hoffte ich noch auf das »Ich« aus dem wilden Kurdistan. Daß es auch in den Fortsetzungsbüchern von *Schloß Rodriganda: Die Pyramide des Sonnengottes, Benito Juarez* usw. nicht einschritt, ist für mich ein Schock gewesen, in der Erinnerung also ein Erlebnis. Im *Kurzen Brief zum langen Abschied*, über zwanzig Jahre später, habe ich diesen Bewußtseins-Schwindel von damals benützt für die Form des Anfangs der Geschichte: das Wort »Ich« steht erst im fünften Satz der Erzählung.

STÄDTISCHE BIBLIOTHEKEN MÜNCHEN

Benutzereinführung – Stadtteilbüchereien

Anmeldung und Ausweis

Für die **Anmeldung** brauchen wir Ihren Personalausweis oder Reisepaß und eine amtliche Bestätigung Ihrer Adresse. Damit bekommen Sie einen Bibliotheksausweis, der für alle Stadtteilbüchereien gilt. **Anmeldung und Ausleihe sind kostenlos.**

Wenn sich Ihre **Adresse geändert** hat, melden Sie das bitte sofort und bringen Sie eine amtliche Bestätigung dieser Änderung mit.

Wir bitten Sie, einen **Verlust Ihres Bibliotheksausweises** sofort zu melden. Der Ausweis wird dann von uns gesperrt und kann nicht mehr benutzt werden. Für einen neuen Ausweis müssen wir Ihnen allerdings eine kleine Gebühr berechnen.

Ausleihe

Sie können nur mit Ihrem Bibliotheksausweis ausleihen! Bei einer Ausleihe können Sie bis zu 12 Medien (Bücher, Zeitschriften, Cassetten, Spiele, Karten) mitnehmen. Die Medien müssen immer in derselben Stadtteilbücherei zurückgegeben werden, bei der sie ausgeliehen worden sind.

Für die ausgeliehenen Medien sind Sie selbst verantwortlich und haftbar. **Kontrollieren Sie** deshalb vor der Ausleihe die Medien! Werden sie beschädigt oder verlieren Sie welche, dann müssen Sie das sofort melden.

Die normale **Leihfrist** ist vier Wochen. Das Rückgabedatum steht auf der Fristkarte, die Sie bei der Ausleihe bekommen. Normalerweise können Sie die Leihfrist einmal um vier Wochen verlängern lassen. Das geht auch telefonisch; Sie müssen uns dann nur die Nummer Ihres Bibliotheksausweises nennen.
Behalten Sie das Buch länger, ohne die Leihfrist zu verlängern, müssen Sie **Versäumnisgebühr** für jeden Tag und jedes Medium extra bezahlen. Bei größerer Überschreitung der Leihfrist können wir auch die ausgeliehenen Medien in Rechnung stellen; diese Rechnung wird aber zurückgenommen, wenn die Medien daraufhin sofort zurückgegeben werden.

Auskünfte

Kataloge und Listen auf Mikrofilm (Mikrofiches) informieren Sie über die einzelnen Bücher und Medien aller Stadtteilbibliotheken und das ganze System der Stadtbibliothek. Sprechen Sie mit unseren Bibliotekaren, wenn Sie Fragen haben; sie helfen Ihnen gern. Auskünfte bekommen Sie auch am Telefon.

Kataloge und Systematik

Die Kataloge helfen Ihnen, den gewünschten Titel zu finden. Auf jeder Katalogseite steht rechts oben die **Signatur** des Titels. Gesucht werden kann
alphabetisch: Verfasserkatalog
                  Titelkatalog
                  Bibliographischer Katalog
                  Interpretationskatalog
systematisch: Systematischer Sachbuchkatalog
                  Themenkatalog (für Romane)

Die folgenden Informationen sollen Ihnen helfen, den Katalog zu benutzen und die gewünschten Titel schnell zu finden. Natürlich können Sie auch immer eine Bibliothekarin oder einen Bibliothekar fragen.

Bücher

Romane und Erzählungen sind alphabetisch nach Autoren geordnet. Die drei Anfangsbuchstaben des Autors in Großbuchstaben und eine Unterscheidungszahl stehen auf der Katalogkarte und auf dem Buchrücken.

Beispiel:

HEM 10	= Roman oder Erzählung von Ernest Hemingway
HEM 30	= Roman oder Erzählung von Hans Hempel

Fremdsprachige Erzählungen tragen dazu noch einen anderen Vermerk: e = Englisch, f = Französisch, i = Italienisch usw.

Themengruppen werden durch Farben unterschieden oder stehen in bestimmten Gruppen zusammen.

Beispiele:
rot = Kriminalroman, gelb = Science Fiction, blau = Heimatroman, grün = Jugendliteratur usw.

Sachbücher sind nach Themen geordnet. Sachbuchsignaturen haben einen Großbuchstaben (Haupt-Sachgruppe) und Kleinbuchstaben und Zahlen, die die Haupt-Sachgruppe nach einzelnen Themen ordnet.

Beispiel:

Cem 22	:	C	= Haupt-Sachgruppe Geographie
		Ce	= Geographie Europas
		Cem	= Südeuropa
		Cem 2	= Italien
		Cem 22	= Südtirol

Die Haupt-Sachgruppen der Sachbücher sind:

A Allgemeines (Lexika, Schrift- und Buchkunde)
B Reiseführer
C Geographie, Volkskunde, Völkerkunde
D Heimatkunde (München und Umgebung)
E Geschichte
F Recht
G Sozial- und Staatswissenschaften
H Wirtschaft
K Religion
L Philosophie
M Psychologie
N Pädagogik
O Sprache und Philologie
P Literatur
Q Informations- und Kommunikationswissenschaften
R Kunst
S Musik, Tanz, Theater
T Mathematik
U Naturwissenschaften
V Medizin
W Technik
X Land- und Forstwirtschaft, Hauswirtschaft
Y Sport und Freizeitgestaltung

Kinderbücher sind nach Themen und Altersgruppen geordnet. Kleinbuchstaben bezeichnen die Haupt-Buchgruppe, drei Großbuchstaben den Autor.

Beispiel:

a MAY	a = Abenteuererzählung
	MAY = Karl May

Die Hauptbuchgruppen der Kinderbücher sind:

a Abenteuer
b Bilderbücher
c Gedichte
d Kunst, Musik
e Erdkunde
f Fremdsprachen
g Geschichte
h Heimatkunde
j Jahrbücher, Lexika
k Kindergeschichten
l Literatur, Sprache
m Märchen
n Naturwissenschaften
o Psychologie, Medizin
r Religion
s Sport, Spiel, Basteln
t Technik
u Erzählungen und Romane für 9–13jährige
v Sagen, Fabeln
w Gemeinschaftskunde
z Zeitschriften

Andere Medien

Cassetten haben fortlaufende Nummern und sind nur im systematischen Katalog nach Themen geordnet.

Spiele haben die Signatur Y und sind nicht weiter geordnet.

Zeitschriften sind im Zeitschriftenregal geordnet. In vielen Büchereien können Sie aber das neueste Exemplar nicht ausleihen.

W. Christian Schmitt im Gespräch
mit dem Schriftsteller Ludwig Harig

»Die Sprache ist der Held meiner Bücher«

Herr Harig, Sie waren 20 Jahre lang Volksschullehrer, bis Sie 1970 diesen Beruf an den Nagel gehängt haben. Waren Sie schon damals – als dies noch gar nicht Mode war – ein Aussteiger?
Harig: Das kann man schon so sagen. Wenngleich ich auch sehr gerne Lehrer gewesen bin. Ich habe insgesamt 20 Jahre lang an saarländischen Volksschulen, zuerst fünf Jahre auf dem Dorf, dann in einer Bergarbeiterstadt gewirkt. Und ich habe mit meinen Schülern eine ganze Menge literarischer Sachen gemacht. Einiges davon ist in dem Büchlein »...und sie fliegen über die Berge weit durch die Welt« enthalten, das bei Hanser als Jubiläumsband Nummer 100 der damaligen »Gelben Reihe« erschien. Sehen Sie, die Arbeit als Schriftsteller, die ich damals natürlich nebenher tun mußte, ist immer gewaltiger, umfänglicher geworden, so daß ich eines Tages wirklich wählen mußte. Und die Wahl ist mir nicht schwergefallen. Ich bin also wirklich ausgestiegen. Nachdem ich ein Gespräch im Kultusministerium hatte, wo mir klar wurde, daß es nicht länger möglich war, auf eine Art Halbtags-Beschäftigung oder eine längere Beurlaubung zu hoffen. Dann höre ich eben auf, habe ich mir gesagt, und von heut auf morgen den Schuldienst quittiert...

...und Sie sind freier Schriftsteller geworden?
Harig: So ist es.

Sie haben Reiseberichte geschrieben, sich über das Fußballspielen geäußert, über die deutsch-französische Verständigung, Balladen, Sonette, Novellen und schließlich auch Satiren verfaßt. Sind Sie – freiweg gefragt – so etwas wie ein literarisch-publizistischer Tausendsassa?
Harig: Um es gleich zu sagen: Alles, was ich bisher gemacht habe, habe ich gerne gemacht, mit großer Lust. Die einzelnen literarischen Gattungen, Formen, die Sie nennen, habe ich regelrecht gelernt. Als ganz junger Mensch schon war ich sehr am Methodischen, Formalen der Literatur interessiert. Diese formalistische Beschäftigung mit Literatur, das Studieren von Prinzipien, Formen, Methoden hat mich sehr stark fasziniert. Und daher kommt es sicher auch, daß ich – wenn ich mich mit Literatur aktiv beschäftige, wenn ich schreibe – sehr viele Formen frei wählen und auch handhaben kann.

Sprache, was bedeutet das eigentlich letztlich für Sie?
Harig: Alles! Anfang und Ende. Der Gegenstand aller meiner Bücher, die Hauptperson, wenn man sie einmal vermensch-

lichen will, ist im Grunde die Sprache. Es geht mir einzig um die Sprache. Um die Art und Weise, wie und mit Hilfe welcher Sprache die Menschen miteinander verkehren. Man kann da all meine Bücher durchgehen. Die »Sprechstunden für die deutschfranzösische Verständigung«, beispielsweise ein »Familienroman«, wobei die Familien, die sich in diesem Buch entwickeln, im Grunde Wortfamilien, Sprachfamilien sind. Die in dem Buch vorkommenden Familien werden groß, weil die Sprache zunimmt... Oder nehmen Sie den »Kleinen Brixius«. Ein Märchen, eine utopische Geschichte. Da ist ein kleiner Junge, der ich natürlich selber bin (ich erzähle sehr viel aus meiner Kinderzeit in diesem Buch), der sich plötzlich eines Tages entschließt, nicht mehr nein, sondern nur noch ja zu sagen. Ein Junge, der die Möglichkeit hat, sich von dieser Erde zu lösen. Und eines Tages wachsen ihm Flügel, und er kann wirklich fliegen. Aber er hat die Flügel nur, weil ihm sozusagen ein Sprachknochen gewachsen ist. Also auch hier ist die Sprache das eigentliche Thema, der Held des Buches.

Sie haben für Zeitungen, Zeitschriften, für Rundfunk, Fernsehen und Verlage gearbeitet – welches Medium ist denn für Sie am reizvollsten?
Harig: Am liebsten sitze ich zu Hause und schreibe Prosa.

Sie sind in dem kleinen Ort Sulzbach im Saarland geboren, waren beruflich in Frankreich, Amerika und anderswo tätig und sind doch immer wieder heimgekehrt nach Sulzbach. Fühlt man sich als Schriftsteller in einem doch so relativ kleinen Ort nicht im Abseits?
Harig: Uns fehlt überhaupt nichts. Wir haben hier einen anregenden Freundeskreis. Da sind Künstler dabei, Übersetzer, Bildhauer, Literaturredakteure, Professoren und fröhliche Menschen, denn der Saarländer ist ja bekannt als ein solcher.

Wer Sie bei Veranstaltungen, Lesungen erlebt hat, weiß um Ihren Humor, Ihre kunstvolle Ironie. Gibt es Situationen, bei denen für Sie der Humor aufhört?
Harig: Um diese Frage wirklich ganz präzis zu beantworten: Es ist sicher nicht Ironie, was meine Literatur ausmacht oder charakterisiert. Es ist eher das Komische, das ich auch in den zwischenmenschlichen Beziehungen entdecke. Wenn die Menschen die Sprache benutzen, kann das komisch wirken – und zwar jetzt wirklich im allerernstesten Sinne gemeint. Ich glaube, in meiner Literatur kehre ich dieses Komische hervor. Und darüber lachen die Leute.

DIE SCHULEN DES DEUTSCHEN BUCHHANDELS

»Einladung zum Seminar für ausländische Buchhändler«

Der Börsenverein des Deutschen Buchhandels lädt zu seinem

3. Seminar für ausländische Buchhändler

ein, um jüngeren Kollegen aus dem nicht-deutschsprachigen Ausland die Möglichkeit zu geben, den deutschen Buchhandel in seinen wesentlichen Aufgaben und Funktionen, in Arbeit und Leistung kennenzulernen.

Das Seminar findet statt vom **5. bis 13. Oktober im Hotel „Hainberg", D-6370 Oberursel**

Mit diesem Seminar sind Veranstaltungen verbunden, die einerseits einen Blick in die Buchhandelspraxis, vom Verlag bis zur Sortimentsbuchhandlung, erlauben und andererseits persönliche Begegnungen mit deutschen Buchhändlern und Verlegern ermöglichen sollen. Zum Rahmenprogramm gehört auch ein Besuch der Frankfurter Buchmesse.

Die Teilnehmer an diesem Seminar sind von ihrem Eintreffen im Hotel an bis zur Abreise Gäste des Börsenvereins des Deutschen Buchhandels, der alle Kosten für den Aufenthalt und die Veranstaltung übernimmt. Die Kollegen aus dem Ausland sollten die deutsche Sprache gut verstehen und sprechen, damit sie mit Gewinn an den Vorträgen, Referaten und Diskussionen teilnehmen können.

Anfragen wegen Einzelheiten und Programm sowie Anmeldungen sind zu richten an

**Börsenverein des Deutschen Buchhandels e.V.
Außenhandels-Ausschuß
Postfach 24 04
6000 Frankfurt/Main 1**

Die Anmeldungen werden in der Reihenfolge des Eingangs berücksichtigt.

Schlüssel

Anmerkungen zum Lösungsschlüssel

1. Die meisten Übungen – besonders die Grammatikübungen – haben eindeutige Lösungen.
2. Bei den Wortschatzübungen sind nur solche Lösungen angegeben, die sich auf den durch das Kursbuch erworbenen Wortschatz beschränken. Sie können ergänzt werden durch weiteren Wortschatz aus dem ungesteuerten Fremdsprachenerwerb der Lerner. Diese Möglichkeit wird angedeutet durch ‚ . . .‘.
3. Bei einigen Bedeutungsübungen ist es möglich, daß Lehrer und bestimmt auch einige Lerner weitere Lösungen finden. Der Lösungsschlüssel ist jedoch abgestimmt auf Wortschatz, Grammatik, Thema und Situation der jeweiligen Lektion oder der dieser vorausgehenden Lektionen, da die Lerner, besonders im Ausland, nur auf dieser Grundlage entscheiden können. Diese Übungen sind durch das Zeichen ‚■‘ gekennzeichnet.
4. Für einige Bedeutungsübungen gibt es keinen Schlüssel, da sie nur individuelle Lösungen zulassen. In diesen Fällen sind nur exemplarische Beispiel-Lösungen vorgegeben.

1. **a)** hübsch **b)** sympathisch **c)** dünn **d)** jung **e)** langweilig **f)** schön **g)** rund **h)** lustig
2. **a)** blond, schwarz, rot **b)** blau, braun, schwarz, . . . **c)** dick, klein, lang, häßlich, schön, hübsch, . . . **d)** oval, schmal, jung, alt, hübsch, häßlich, schön, interessant, dumm, lustig, langweilig, . . .
3. ruhig, intelligent, dumm, gemütlich, nett, lustig, freundlich, langweilig, sympathisch, . . .
4. **a)** rund, jung **b)** dick, sympathisch **c)** lang, weich **d)** groß, freundlich **e)** gemütlich, blond **f)** schlank, nervös **g)** sympathisch, jung
5. **a)** B **b)** A **c)** A **d)** A
6. **a)** neu, jung **b)** klein **c)** dick **d)** traurig **e)** häßlich **f)** attraktiv **g)** nervös **h)** langweilig, uninteressant **i)** unsportlich **j)** unfreundlich **k)** dünn, schlank **l)** alt **m)** hübsch, schön **n)** klug, intelligent **o)** ungemütlich
7. **a)** nett, sympathisch, lustig, hübsch, traurig, schön, intelligent, alt, . . . **b)** nett, langweilig, häßlich, interessant, komisch, lustig, schön, freundlich, . . . **c)** einen Mantel, einen Pullover, eine Hose, ein Kleid, Strümpfe, Schuhe, ein Hemd, eine Bluse, . . .
8. **a)** finde **b)** sieht **c)** ist **d)** trägt (hat) **e)** macht **f)** gefällt
9. **a)** die Leute **b)** Mädchen **c)** Kinder **d)** Gesicht **e)** Augen **f)** Mund **g)** Nase **h)** Kollegen **i)** Brille **j)** Telegramm **k)** Brief **l)** Schuhe, Strümpfe **m)** Hemd **n)** Anzug **o)** Hose **p)** Pullover
10. **a)** langweilig **b)** nervös **c)** dumm **d)** verheiratet sein **e)** sehr gut aussehen **f)** rothaarig sein **g)** nett finden **h)** glauben **i)** sparsam sein **j)** reich sein **k)** lustig sein **l)** kurzhaarig sein **m)** oft **n)** meistens **o)** richtig sein **p)** Sorgen **q)** voll **r)** selten **s)** kennenlernen **t)** sympathisch sein **u)** gesund
11. **a)** Die blonden Haare., Die blauen Augen., Das schöne Gesicht., Die gute Figur. **b)** Das lustige Gesicht., Die starken Arme., Der dicke Bauch., Der große Appetit. **c)** Die gefährlichen Augen., Das schmale Gesicht., Die dünnen Haare., Die helle Haut. **d)** Die langen Beine., Die dicken Lippen., Der dünne Bauch., Die große Nase.
12. **b)** Welche findest du besser, die modernen oder die sportlichen Schuhe? **c)** Welchen . . ., den langen oder den kurzen Rock? **d)** Welche . . ., die weiße oder die blaue Bluse? **e)** Welche . . ., die braunen oder die schwarzen Strümpfe? **f)** Welches . . ., das gelbe oder das rote Kleid? **g)** Welche . . ., die grüne oder die braune Jacke?
13. **b)** Der schwarze Rock paßt zu der weißen Bluse. **c)** Das sportliche Hemd paßt zu der kurzen Hose. **d)** Der dünne Mantel paßt zu dem hellen Anzug. **e)** Die moderne Jacke paßt zu dem kurzen Kleid.
14. **b)** Die komische Uhr hat er von Petra. **c)** Das langweilige Buch hat er von Udo. **d)** Den häßlichen Pullover hat er von Inge. **e)** Den alten Kuchen hat er von Carla. **f)** Die kaputte Schallplatte hat er von Dagmar. **g)** Das unbequeme Hemd hat er von Horst. **h)** Die alten Schuhe hat er von Rolf. **i)** Die kaputten Strümpfe hat er von Holger.

15.

	Nominativ	Akkusativ	Dativ
Rock: schwarz	der schwarze Rock	den schwarzen Rock	dem schwarzen Rock
Jacke: modern	die moderne Jacke	die moderne Jacke	der modernen Jacke
Hemd: neu	das neue Hemd	das neue Hemd	dem neuen Hemd
Schuhe: groß	die großen Schuhe	die großen Schuhe	den großen Schuhen

16. b) ○ Wie findest du die Kinder? □ Ich finde sie süß. **c)** ○ . . . die Küche? □ Ich finde sie praktisch. **d)** ○ . . . den Hund? □ Ich finde ihn dumm. **e)** ○ . . . Gerd? □ Ich finde ihn etwas nervös. **f)** ○ . . . das Bad? □ Ich finde es zu dunkel. **g)** ○ . . . das Wohnzimmer? □ Ich finde es phantastisch. **h)** ○ . . . Gerd und Gisela? □ Ich finde sie nett. **i)** . . . das Auto? □ Ich finde es nicht schlecht. **j)** ○ . . . Möbel? □ Ich finde sie sehr modern. **k)** ○ . . . Gisela? □ Ich finde sie sympathisch.

17. b) Wie häßlich! So eine lange Nase gefällt mir nicht. **c)** So ein trauriges Gesicht gefällt mir nicht. **d)** So ein dicker Bauch gefällt mir nicht. **e)** So kurze Beine gefallen mir nicht. **f)** So lange Arme gefallen mir nicht. **g)** So ein großer Mund gefällt mir nicht. **h)** So eine schmale Brust gefällt mir nicht.

18. a) Er hat kurze Beine, große Füße, kurze Haare, eine runde Brille, ein schmales Gesicht, eine große (lange) Nase, einen kleinen Mund. **b)** Seine Beine sind kurz., Seine Füße sind groß., Seine Haare sind kurz., Seine Brille ist rund., Sein Gesicht ist schmal., Seine Nase ist groß (lang)., Sein Mund ist klein. **c)** Sie hat große Ohren, lange Haare, eine kleine Nase, einen schmalen Mund, lange Beine, ein rundes Gesicht, kleine Füße, einen dicken Hals. **d)** Ihre Ohren sind groß., Ihre Haare sind lang., Ihre Nase ist klein., Ihr Mund ist schmal., Ihre Beine sind lang., Ihr Gesicht ist rund., Ihre Füße sind klein., Ihr Hals ist dick.

19. a) . . . schwarzen . . . weißen . . . **b)** . . . blauen . . . gelben **c)** . . . schwere . . . dicken . . . **d)** . . . dunklen . . . roten . . . **e)** . . . weißes . . . blauen . . . **f)** . . . braune . . . braunen.

20.

	Nominativ	Akkusativ	Dativ
Bluse: grau Kleid: neu Mantel: alt·	eine graue Bluse ein neues Kleid ein alter Mantel	eine graue Bluse ein neues Kleid einen alten Mantel	einer grauen Bluse einem neuen Kleid einem alten Mantel
Augen: grün	grüne Augen	grüne Augen	grünen Augen

21. b) Junger Mann sucht nette Freundin mit intelligentem Kopf, hübschem Gesicht und roten Haaren. **c)** Netter Mann sucht hübsches Mädchen mit langen Haaren und blauen Augen. **d)** Sympathische Frau sucht ruhigen Mann mit gutem Charakter. **e)** Attraktives Mädchen sucht reichen Freund mit starken Armen und schnellem Auto. **f)** Ruhiger Herr sucht freundliche Lehrerin mit intelligentem Kopf und guter Figur. **g)** Junger Mann sucht junges Mädchen mit lustigen Augen und verrückten Ideen.

	Nominativ	Akkusativ	Dativ
Mann: jung Kleidung: sportlich Auto: schnell	junger Mann sportliche Kleidung schnelles Auto	jungen Mann sportliche Kleidung schnelles Auto	jungem Mann sportlicher Kleidung schnellem Auto
Frauen: reich	reiche Frauen	reiche Frauen	reichen Frauen

22. b) ○ Du suchst doch eine Hose.
  Wie findest du die da?
  □ Welche meinst du?
  ○ Die braune.
  □ Die gefällt mir nicht.
  ○ Was für eine möchtest du denn?
  □ Eine schwarze.
c) ○ Du suchst doch ein Kleid.
  Wie findest du das da?
  □ Welches meinst du?
  ○ Das kurze.
  □ Das gefällt mir nicht.
  ○ Was für eins möchtest du denn?
  □ Ein langes.
d) ○ Du suchst doch einen Rock.
  Wie findest du den da?
  □ Welchen meinst du?
  ○ Den roten.
  □ Der gefällt mir nicht.
  ○ Was für einen möchtest du denn?
  □ Einen gelben.
e) ○ Du suchst doch Schuhe.
  Wie findest du die da?
  □ Welche meinst du?
  ○ Die roten.
  □ Die gefallen mir nicht.
  ○ Was für welche möchtest du denn?
  □ Blaue.

23.

A	B	C	D	E	F	G	H	J
4,7	2,6	4,7	11	10	3,9	1,11	8	5

24. a) B **b)** C **c)** A **d)** B **e)** B **f)** A **g)** B **h)** C

25. Individuelle Lösung

26. Beruf, Arbeitsamt, Job, Arbeitgeber, kündigen, Stelle, arbeitslos, Angestellter, . . .

Schlüssel

27. a) arbeitslos **b)** Arbeitgeber **c)** kündigen **d)** Stelle **e)** Arbeitsamt **f)** Fehler **g)** normal **h)** Frisur **i)** pünktlich **j)** verrückt **k)** zufrieden **l)** verlangen **m)** kritisieren **n)** wirklich **o)** geärgert **p)** angenehm

28. a) Welcher Rock... Dieser rote..., Welche Hose... Diese braune..., Welches Kleid... Dieses gelbe..., Welche Strümpfe..., Diese blauen... **b)** Welchen Anzug...? Diesen schwarzen... Welche Bluse... Diese weiße..., Welches Hemd... Dieses blaue..., Welche Schuhe... Diese braunen... **c)** Zu welchem Rock... Zu diesem roten..., Zu welcher Hose... Zu dieser weißen..., Zu welchem Kleid.. Zu diesem braunen.., Zu welchen Schuhen.. Zu diesen schwarzen...

29. a) alle, manche **b)** jeden, alle, manche **c)** allen, jedem **d)** alle, manche

30.

	mask. Singular	fem. Singular	neutr. Singular	Plural
Nominativ	der jeder	die jede	das jedes	die alle manche
Akkusativ	den jeden	die jede	das jedes	die alle manche
Dativ	dem jedem	der jeder	dem jedem	den allen manchen

31. a) C **b)** C **c)** A, B **d)** A, C **e)** A, C **f)** A, B **g)** B **h)** C **i)** C **j)** C

32.

+	−	+/−
Das stimmt.	Da bin ich anderer Meinung.	Sicher, aber...
Das glaube ich auch.	Das ist falsch.	Richtig, aber...
Das ist auch meine Meinung.	Das stimmt nicht.	Das ist wahr, aber...
Da hast du recht.	Das ist Unsinn.	Da hast du recht, aber...
Das finde ich auch.	Das glaube ich nicht.	
Das ist richtig.	Das finde ich nicht.	
Das meine ich auch.		

2

1. Hauptschule, Realschule, Gymnasium, Grundschule, Note, Abitur, Zeugnis, Prüfung, besuchen, Schüler,...

2. anstrengend, schmutzig, sauber, gefährlich, selbständig, schön, interessant,...

3. a) gefährlich, Angst **b)** Ausland, selbst **c)** gewechselt, Unfall **d)** zufrieden, selbständig **e)** anstrengend, tragen **f)** Tiere, Antwort

4. a) niemand **b)** manchmal **c)** früher **d)** schmutzig **e)** anfangen **f)** unzufrieden

5. a) Angst **b)** Schüler **c)** Sprachen **d)** studieren **e)** Schule **f)** besuchen **g)** Klasse **h)** Freizeit

6. b) Michael kann nicht studieren, weil er nur die Hauptschule besucht/weil er nur die Hauptschule besuchen kann/weil er nur die Hauptschule besucht hat. **c)** Ruth kann nicht ihre Stelle wechseln, weil sie keine neue bekommt/weil sie keine neue bekommen kann/weil sie keine neue bekommen hat. **d)** Uwe hat seine Stelle verloren, weil er nicht selbständig arbeitet/weil er nicht selbständig arbeiten kann/weil er nicht selbständig gearbeitet hat. **e)** Kurt ist nicht zufrieden, weil er nur wenig Geld verdient/weil er nur wenig Geld verdienen kann/weil er nur wenig Geld verdient hat.

		Invers.-signal	Subjekt	Verb	Subj.	unbet. obl. Erg.	Angabe	obligatorische Ergänzung	Verb
a)			Stefan	kann			nicht	Elektriker	werden.
	weil		er					keine Lehrstelle	findet.
	weil		er					keine Lehrstelle	finden kann.
	weil		er					keine Lehrstelle	gefunden hat.
b)			Michael	kann			nicht		studieren,
	weil		er				nur	die Hauptschule	besucht.
	weil		er				nur	die Hauptschule	besuchen kann.
	weil		er				nur	die Hauptschule	besucht hat.

		Invers.-signal	Subjekt	Verb	Subj.	unbet. obl. Erg.	Angabe	obligatorische Ergänzung	Verb
c)	weil		Ruth	kann			nicht	ihre Stelle	wechseln,
	weil		sie					keine neue	bekommt.
	weil		sie					keine neue	bekommen kann.
	weil		sie					keine neue	bekommen hat.
d)	weil		Uwe	hat				seine Stelle	verloren,
	weil		er				nicht	selbständig	arbeitet.
	weil		er				nicht	selbständig	arbeiten kann.
	weil		er				nicht	selbständig	gearbeitet hat.
e)	weil		Kurt	ist			nicht	zufrieden,	
	weil		er				nur wenig	Geld	verdient.
	weil		er				nur wenig	Geld	verdienen kann.
	weil		er				nur wenig	Geld	verdient hat.

7. **b)** Jens findet seine Stelle nicht gut, denn er hat zu wenig Freizeit. **c)** Herr Köster kann nächste Woche nicht arbeiten, weil er gestern einen Unfall hatte. **d)** Manfred soll noch ein Jahr zur Schule gehen, weil er keine Stelle gefunden hat. **e)** Christophs neue Stelle ist besser, denn er kann jetzt selbständiger arbeiten. **f)** Kerstin kann nicht studieren, weil sie nur die Hauptschule besucht hat. **g)** Andrea möchte kein Abitur machen, denn Studenten finden auch nur schwer eine Stelle. **h)** Cornelia hat doch noch das Abitur gemacht, weil sie keine Lehrstelle finden konnte. **i)** Simon mag seinen Beruf nicht, denn er wollte eigentlich Automechaniker werden. **j)** Herr Bender möchte einen anderen Beruf, weil er nur wenig Zeit für seine Familie hat.

8. **b)** Andrea findet keine Lehrstelle. Trotzdem will sie kein Abitur machen. **c)** Frau Arndt findet ihre Arbeit schön, obwohl sie Samstags arbeiten muß. **d)** Jens kann schon Französisch und Spanisch. Trotzdem will er Englisch lernen. **e)** Eva ist Krankenschwester geworden, obwohl sie Lehrerin werden sollte. **f)** Frau Herbart möchte ihren Arbeitsplatz nicht wechseln, obwohl sie bei einer anderen Stelle mehr Geld verdienen kann. **g)** Christine spricht zwei Sprachen. Trotzdem findet sie keine Stelle als Sekretärin. **h)** Bernhard möchte lieber einen Beruf lernen, obwohl er das Abitur gemacht hat. **i)** Doris hat sehr schlechte Arbeitszeiten. Trotzdem möchte sie keinen anderen Beruf. **j)** Max mußte Automechaniker werden, obwohl er eigentlich keine Lust hatte.

9. **b)** Herr Bauer ist unzufrieden, weil er eine anstrengende Arbeit hat. Weil Herr Bauer eine anstrengende Arbeit hat, ist er unzufrieden. **c)** Eva ist zufrieden, obwohl sie wenig Freizeit hat. Obwohl Eva wenig Freizeit hat, ist sie zufrieden. **d)** Hans kann nicht studieren, wenn er ein schlechtes Zeugnis bekommt. Wenn Hans ein schlechtes Zeugnis bekommt, kann er nicht studieren. **e)** Herbert ist arbeitslos, weil er einen Unfall hatte. Weil Herbert einen Unfall hatte, ist er arbeitslos. **f)** Ich nehme die Stelle, wenn ich nicht nachts arbeiten muß. Wenn ich nicht nachts arbeiten muß, nehme ich die Stelle.

10. **b)** Wenn du studieren willst, dann mußt du aufs Gymnasium gehen/dann geh aufs Gymnasium. **c)** Wenn du sofort Geld verdienen willst, dann mußt du die Stellenanzeigen in der Zeitung lesen/dann lies die Stellenanzeigen in der Zeitung. **d)** Wenn du nicht mehr zur Schule gehen willst, dann mußt du einen Beruf lernen/dann lern einen Beruf. **e)** Wenn du keine Lehrstelle findest, dann mußt du weiter zur Schule gehen/dann geh weiter zur Schule. **f)** Wenn du später zur Fachhochschule gehen willst, dann mußt du jetzt zur Fachoberschule gehen/dann geh jetzt zur Fachoberschule. **g)** Wenn du einen Beruf lernen willst, dann mußt du die Leute beim Arbeitsamt fragen/dann frag die Leute beim Arbeitsamt.

11. ○ . . . wenn . . . , □ . . . obwohl . . . , ○ . . . wenn . . . , □ . . . weil . . . , ○ . . . wenn . . . , □ . . . weil . . . wenn . . . , ○ . . . wenn . . . obwohl . . . , □ . . . wenn . . .

12. **a)** B, **b)** A **c)** C **d)** B **e)** B **f)** A **g)** B **h)** C

13. Individuelle Lösung. Hier nur ein Beispiel.
Andrea ist sechzehn Jahre alt und möchte Krankenschwester werden. Sie sucht eine Lehrstelle. 35 Bewerbungen hat sie schon geschrieben. Trotzdem hat sie keine Lehrstelle gefunden, weil ihr Zeugnis nicht gut genug ist. Aber sie will nicht studieren, denn das hat auch keinen Zweck. Andrea möchte noch sechs Monate warten. Wenn sie dann nichts findet, geht sie vielleicht doch noch zur Schule.

Schlüssel

14. a) Heute ist der achtundzwanzigste Februar. Heute ist der erste April. Heute ist der dritte August. **b)** Nein, wir haben erst den vierten. Nein wir haben schon den siebten. Nein, wir haben schon den achten. **c)** individuelle Lösung **d)** Vom dreiundzwanzigsten Januar bis zum fünfzehnten März., Vom vierzehnten Februar bis zum ersten Juli., Vom siebten April bis zum zweiten Mai.

15. c) ... hat er ... **d)** ... sie war ... **e)** ...will sie ... **f)** ... ist er ... **g)** ... macht sie ... **h)** ... er verdient ... **i)** ... sie hat ... **j)** ... es ist ... **k)** ... wird sie ... **l)** ... ist er ...

16.

	1	2	3	4	5	6	7	8	9	10	11	12
A		X			X			X				
B				X		X						X
C			X						X	X		
D	X						X				X	

17.

	1	2	3	4	5	6
A		X	X			X
B	X			X	X	

18. a) deshalb **b)** sonst **c)** aber **d)** deshalb **e)** trotzdem **f)** dann **g)** denn **h)** deshalb **i)** sonst **j)** deshalb **k)** dann **l)** sonst **m)** deshalb **n)** trotzdem **o)** sonst **p)** aber

19.

A	B	C	D	E	F	G	H
3	5	8	2	6	7	1	4

20. ○ Sag mal Petra, du willst kündigen? Warum das denn?
  □ Die Arbeit ist mir zu langweilig. Nie darf ich selbständig arbeiten.
  ○ Hast du das deinem Chef denn schon mal gesagt?
  □ Nein, das hat doch keinen Zweck. Der macht lieber alles allein.
    Ich darf immer nur Briefe schreiben.
  ○ Hast du denn schon eine neue Stelle?
  □ Ja, ein sehr interessantes Angebot bei einer Elektrofirma.
    Ich kann dort selbständig arbeiten und verdiene auch ganz gut.
  ○ Und was machst du? Nimmst du die Stelle?
  □ Ich weiß noch nicht, denn die Firma liegt in Offenbach.
    Ich muß ziemlich weit fahren, also morgens sehr früh aufstehen.

3

1. ... Menü ... Nudeln ... Rezepte ... Hunger ... Pfund ... Braten ... kochen ... fett ... Nudeln ... Rezepte ... Gewürze

2. immer – meistens – sehr oft – oft – manchmal – selten – fast nie – nie (Die Bedeutungen von ‚meistens' und ‚sehr oft' sind fast gleich; ebenso ‚selten' und ‚fast nie'.)

3. a) immer, regelmäßig **b)** selten, nie **c)** selten, manchmal **d)** nicht oft, selten **e)** sehr oft, fast immer **f)** selten

4. a) □ Wir ... uns ... auf **b)** ○ ... ihr euch ... für das ... **c)** ○ ... dich ... über den ... □ ... ich ... mich ... auf den ... **d)** □ ... sie ... sich ... für **e)** □ ... Sie ... sich ... für ... **f)** □ ... Er ... sich ... auf den ... **g)** □ ... sich ... für ...

5.

sich	du	Sie	er	sie	es	man	wir	ihr	sie
mich	dich	sich	sich	sich	sich	sich	uns	euch	sich

6.

		der Film	die Sendung	das Programm
Ich interessiere	mich für	den Film	die Sendung	das Programm
Ich ärgere	mich über	den Film	die Sendung	das Programm
Ich freue	mich auf/über	den Film	die Sendung	das Programm

7.

	Inversions-signal	Subjekt	Verb	Sub-jekt	unbet. obl. Er-gänzung	Angabe	obligatorische Ergänzung	Verb
a)		Bettina	interessiert		sich	sehr	für Sport.	
b)	Darüber		haben	wir	uns	noch nie		geärgert.
c)	Worauf		freust	du	dich	am meisten?		
d)	Besonders		freue	ich	mich		auf Kinofilme.	

8. a) A **b)** A **c)** A, B **d)** B **e)** A, B **f)** A

9. ○ Was gibt es heute eigentlich im Fernsehen?
□ Ich glaube einen Film mit Humphrey Bogart.
○ Den muß ich unbedingt sehen.
□ Wirklich? Ich habe gedacht, du magst nur Sport und Politik.
○ Ich glaube, du willst mich ärgern. Die Nach-richten sehe ich nur manchmal und Sport auch nicht oft.

□ Das stimmt nicht! Sport siehst du fast immer und die Nachrichten auch meistens.
○ Na und? Ist das vielleicht ein Fehler, wenn sich ein Mann für Politik interessiert?
□ Jetzt ärgere dich doch nicht! Ich freue mich doch auch auf den Bogart-Film.

10. a) angeblich **b)** . . . sich . . . setzen . . . sich ausruhen . . . **c)** beantragen **d)** Boden **e)** ganz **f)** gewöhn-lich **g)** stören **h)** laufen **i)** stehen **j)** unterschreiben **k)** verboten **l)** verbieten

11. b) . . . sie hätte gern noch mehr Autos. **c)** . . . sie wäre gern noch schlanker. **d)** . . . sie würde gern noch mehr fernsehen. **e)** . . . sie würde gern noch mehr verdienen. **f)** . . . sie hätte gern noch mehr Hunde. **g)** . . . sie würde gern noch mehr schlafen. **h)** . . . sie würde gern noch besser aussehen. **i)** . . . sie würde gern noch mehr Sprachen sprechen. **j)** . . . sie hätte gern noch mehr Kleider. **k)** . . . sie würde gern noch mehr Leute kennen. **l)** . . . sie würde gern noch öfter Ski fahren. **m)** . . . sie würde gern noch öfter einkaufen gehen. **n)** . . . sie würde gern noch mehr wissen.

12.

	ich	du	Sie	er/sie/es	man	wir	ihr	sie
Indikativ	gehe	gehst	gehen	geht	geht	gehen	geht	gehen
Konjunktiv	würde gehen	würdest gehen	würden gehen	würde gehen	würde gehen	würden gehen	würdet gehen	würden gehen
Indikativ	bin	bist	sind	ist	ist	sind	seid	sind
Konjunktiv	wäre	wärst	wären	wäre	wäre	wären	wärt	wären
Indikativ	habe	hast	haben	hat	hat	haben	habt	haben
Konjunktiv	hätte	hättest	hätten	hätte	hätte	hätten	hättet	hätten

13. . . . ist . . . hat . . . hätte . . . wäre . . . hatte . . . war . . . hatten . . . wäre . . . wäre . . . hat . . . ist . . . würde . . . hätten . . . hat . . . hat . . . wären . . . würde . . . wären . . . hätte . . . wäre . . . würde . . . hätte . . . hatte . . .

14. b) – Es wäre gut, wenn du weniger essen würdest. – Du solltest weniger essen. **c)** – Es wäre gut, wenn du wärmere Kleidung tragen würdest. – Du solltest wärmere Kleidung tragen. **d)** – Es wäre gut, wenn du früher aufstehen würdest. – Du solltest früher aufstehen. **e)** – Es wäre gut, wenn du ein neues kaufen würdest. – Du solltest ein neues kaufen. **f)** – Es wäre gut, wenn du dir eine andere Wohnung suchen würdest. – Du solltest dir eine andere Wohnung suchen. **g)** – Es wäre gut, wenn du jeden Tag dreißig Minuten laufen würdest. – Du solltest jeden Tag dreißig Minuten laufen **h)** – Es wäre gut, wenn du eine andere Stelle suchen würdest. – Du solltest eine andere Stelle suchen. **i)** – Es wäre gut, wenn du netter wärest. – Du solltest netter sein.

15. Individuelle Lösung

16.

	ich	du	Sie	er/sie/es	man	wir	ihr	sie
müssen	müßte	müßtest	müßten	müßte	müßte	müßten	müßtet	müßten
dürfen	dürfte	dürftest	dürften	dürfte	dürfte	dürften	dürftet	dürften
können	könnte	könntest	könnten	könnte	könnte	könnten	könntet	könnten
sollen	sollte	solltest	sollten	sollte	sollte	sollten	solltet	sollten

Schlüssel

17. a) über das **b)** für den **c)** über die **d)** über das **e)** über die **f)** gegen die . . . über das **g)** auf die **h)** über den **i)** über die **j)** nach der **k)** auf die

18.

a)	der Film	die Musik	das Programm	die Sendungen	
über	den Film	die Musik	das Programm	die Sendungen	sprechen
sich über	den Film	die Musik	das Programm	die Sendungen	ärgern
sich für	den Film	die Musik	das Programm	die Sendungen	interessieren
sich auf/über	den Film	die Musik	das Programm	die Sendungen	freuen

b)	der Durst	die Erkältung	das Fieber	die laute Musik	
etwas gegen	den Durst	die Erkältung	das Fieber	die laute Musik	tun

c)	der Weg	die Meinung	das Buch	die Briefe	
nach	dem Weg	der Meinung	dem Buch	den Briefen	fragen

19. a) ihn **b)** sich **c)** sie **d)** sich **e)** ihn **f)** sich **g)** sich **h)** es

20. a) □ Worüber . . . ○ . . . über . . . □ Darüber . . **b)** □ Worüber . . . ○ Über . . . □ Darüber . . . **c)** □ Worüber . . . ○ Über . . . □ Darüber . . . **d)** □ Wonach . . . ○ Nach . . . □ Danach . . . **e)** □ Worüber . . . ○ Über . . . □ Darüber . . . **f)** □ Worüber . . . ○ Über . . . □ . . . darüber **g)** □ Worüber . . . ○ Über . . . □ Darüber . . . **h)** □ Wofür . . . ○ . . . für . . . □ Dafür . . . **i)** □ Worauf . . . ○ Auf . . . □ Darauf . . . **j)** □ Worauf . . . ○ Auf . . . □ . . . darauf . . .

21.

Präposition + Artikel + Nomen	Fragewort	Pronomen
über den Film (sprechen)	worüber?	darüber
nach deiner Meinung (fragen)	wonach?	danach
auf diese Sendung (warten)	worauf?	darauf
gegen das Fieber (etwas tun)	wogegen?	dagegen

22. a) B **b)** A **c)** A, C **d)** C **e)** A, C **f)** A, B

23. Beispiel:
Gabriela ist zwanzig Jahre alt und Straßenpantomimin. Sie zieht von Stadt zu Stadt und spielt auf Plätzen und Straßen. Die meisten Leute mögen ihr Spiel, nur wenige regen sich auf. Nach dem Spiel sammelt Gabriela Geld bei den Leuten. Wenn sie regelmäßig spielt, verdient sie ganz gut. Früher war Gabriela mit Helmut zusammen. Der war auch Straßenkünstler. Das freie Leben hat ihr gefallen. Zuerst hat sie für Helmut nur Geld gesammelt, später hat sie dann auch selbst getanzt. Nach einem Krach mit Helmut hat sie einen Schnellkurs für Pantomimen gemacht. Jetzt spielt sie allein. Sie findet ihr Leben unruhig, aber trotzdem möchte sie keinen anderen Beruf.

24. Reihenfolge: c, e, a, h, f, i, d, b, g

4

1. tanken, abschleppen, Tankstelle, Motor, Panne, Bremse, Spiegel, Rad, Werkstatt, Reparatur, . . .

2. a) schnell **b)** preiswert **c)** voll **d)** schwach **e)** leicht **f)** niedrig

3. a) baden **b)** schwierig, stark **c)** zu schwierig **d)** blond, hübsch **e)** ißt, nimmt **f)** gut laufen, Geld sammeln

4. a) tanken **b)** abschleppen **c)** bremsen **d)** fahren **e)** reparieren **f)** bezahlen

5. a) Öl, Kind, Papier, Hemd, Benzin, Brief, Haare, Geld, Pullover **b)** Blech, Papier, Gemüse, Haare, Wurst, Brot, Bart, Fleisch **c)** Wagen, Kind, Hals, Gemüse, Hemd, Haare, Auto, Bart, Pullover

6. a) abschleppen, **b)** abholen **c)** läuft **d)** zum Schluß **e)** schwierig **f)** Werkzeug **g)** Versicherung **h)** Steuer **i)** vorne **j)** hinten **k)** Abteilung

7.

	1	2	3	4	5	6	7	8	9	10	11	12	13	14
A						X				X				
B		X		X										
C												X		X
D	X										X			
E								X					X	
F			X						X					
G		X				X								

8. ○ . . . teuerste . . . stärksten . . . niedrigeren . . . niedrigere . . .
□ . . . unattraktivste . . . bessere . . . besseren . . . schlechteren . . . schlechtesten . . . neuesten . . . kleineren
. . . niedrigere . . . günstigsten . . . niedrigsten . . . niedrigsten . . .
○ . . . neuesten . . .
□ . . . bequemste . . . teuersten . . . beste . . .

9.

a)

Nominativ	Akkusativ	Dativ
Das ist (sind)	Dieser Wagen hat	Das ist der Wagen mit
der höchste Verbrauch.	den höchsten Verbrauch.	dem höchsten Verbrauch.
die höchste Geschwindigkeit.	die höchste Geschwindigkeit.	der höchsten Geschwindigkeit.
das höchste Gewicht.	das höchste Gewicht.	dem höchsten Gewicht.
die höchsten Kosten.	die höchsten Kosten.	den höchsten Kosten.

b)

Nominativ	Akkusativ	Dativ
Das ist (sind)	Dieser Wagen hat	Es gibt einen Wagen mit
ein niedrigerer Verbrauch.	einen niedrigeren Verbrauch.	einem niedrigeren Verbrauch.
eine niedrigere Geschwindigkeit.	eine niedrigere Geschwindigkeit.	einer niedrigeren Geschwindigkeit.
ein niedrigeres Gewicht.	ein niedrigeres Gewicht.	einem niedrigeren Gewicht.
niedrigere Kosten.	niedrigere Kosten.	niedrigeren Kosten.

10. a) als **b)** wie **c)** wie **d)** als **e)** wie **f)** als **g)** als **h)** wie

11. c) Die Werkstattkosten für einen Peugeot sind so hoch, wie du mir gesagt hast. **d)** Der Motor ist viel älter, als der Autoverkäufer uns gesagt hat. **e)** Der Wagen fährt schneller, als in der Anzeige steht. **f)** Der Micra fährt so schnell, wie Nissan in der Anzeige schreibt. **g)** Den Wagen gibt es mit einem schwächeren Motor, als der Autohändler mir gesagt hat. **h)** Kleinwagen sind bequemer, als ich geglaubt habe. Kleinwagen sind nicht so unbequem, wie ich geglaubt habe.

12. b) Hier wird ein Auto getankt. **c)** Hier wird ein Auto gewaschen. **d)** Hier wird eine Rechnung bezahlt. **e)** Hier wird ein Motor repariert. **f)** Hier werden Bremsen geprüft. **g)** Hier wird die Werkstatt sauber gemacht. **h)** Hier wird ein Auto abgeschleppt. **i)** Hier werden Reifen gewechselt. **j)** Hier wird eine Tür geschweißt. **k)** Hier wird ein Kaufvertrag unterschrieben. **l)** Hier wird nicht gearbeitet.

ich	du	Sie	er/sie/es	man	wir	ihr	sie
werde abgeholt	wirst abgeholt	werden abgeholt	wird abgeholt	wird abgeholt	werden abgeholt	werdet abgeholt	werden abgeholt

13. Beispiel:
. . . Dann werden sie mit Salz, Pfeffer, Curry, Thymian und Basilikum gewürzt und in Öl gebraten. Dann wird Fleischbrühe dazugegeben, und die Hähnchen werden zwanzig Minuten gekocht. Danach werden Zwiebeln geschält, klein geschnitten und zu den Hähnchen gegeben. Dann werden die Hähnchen nochmal zehn

Schlüssel

Minuten gekocht. Zum Schluß werden die Mandeln in kleine Stücke geschnitten, und das Essen wird mit Petersilie bestreut. Zuletzt wird Reis zwanzig Minuten in Salzwasser gekocht und mit den Hähnchen serviert.

14.

	Invers.-Signal	Subjekt	Verb	Subjekt	unbet. obl. Ergänzung	Angabe	obligatori-sche Ergän-zung	Verb
a)		Die Hähn-chen	werden			zuerst	in Stücke	geschnitten.
b)		Man	schneidet		die Hähn-chen	zuerst	in Stücke.	
c)	Heute		schleppt	Ruth	das Auto	zur Werk-statt		ab.
d)	Heute		wird	das Auto		zur Werk-statt		abge-schleppt.
e)		Die Autos	werden			von der Bahn schnell	nach Italien	gebracht.
f)		Die Bahn	bringt		die Autos	schnell	nach Italien.	

15. **a)** C **b)** A **c)** B **d)** A, C **e)** A, C **f)** B **g)** C **h)** C

16. **a)** C **b)** A, B **c)** B **d)** A, C **e)** A **f)** B **g)** B

17. ○ Mein Name ist Becker. Ich möchte meinen Wagen bringen.
□ Ach ja, Frau Becker. Sie haben gestern angerufen. Was sollen wir machen?
○ Die Bremsen ziehen immer nach links, und der Motor braucht zuviel Benzin.
□ Noch etwas?
○ Nein, das ist alles. Wann kann ich das Auto abholen?
□ Morgen nachmittag.
○ Morgen nachmittag erst? Aber gestern am Telefon haben Sie mir doch gesagt, es geht heute noch.
□ Es tut mir leid, Frau Becker. Aber wir haben so viel zu tun. Das habe ich gestern nicht gewußt.
○ Das muß man doch wissen. Das geht doch nicht.
□ Ich kann Sie ja verstehen, Frau Becker. Wir versuchen es, vielleicht klappt es ja heute doch noch. Wir rufen Sie dann an.
○ Ja gut. Meine Nummer kennen Sie ja.

18. Angestellter, Arbeiter, Gewerkschaft, Industrie, Gehalt, Lohn, Arbeitgeber, Arbeitnehmer, Firma, Überstunden, Betriebsrat . .

19. **a)** Industrie **b)** Firma **c)** Überstunden

20. **a)** 5 **b)** 8 **c)** 2 **d)** 7 **e)** 3 **f)** 1 **g)** 6 **h)** 4

21. Arbeitsplatz, Arbeitslohn, Arbeitstag, Arbeitszeit, Autodach, Autosteuer, Autoversicherung, Autowerkstatt, Autofabrik, Autoindustrie, Autofirma, Automotor, Autoradio, Autospiegel, Autopanne, Autotelefon, Auto-werkzeug, Autorechnung, Betriebsbremse, Betriebsrat, Handarbeiter, Handbremse, Handgeld, Handspiegel, Handwagen, Fußbremse, Reparaturrechnung, Reparaturwerkstatt, Reparaturversicherung, Reparaturwerk-statt, Metalldach, Metallarbeiter, Metallfabrik, Metallindustrie, Metallfirma, Metallspiegel, Metallwerkzeug, Unfallversicherung, Unfallwagen.

22. **a)** C **b)** A **c)** B **d)** A, B **e)** B **f)** A

23.

	1	2	3	4	5	6
A	X			X		
B		X	X			
C					X	X

24. Beispiel:
– Seit zehn Jahren.
– Vorher war ich Metzger.
– Ich bin Fließbandarbeiter in der Karosserieabteilung.

– Ja, meine Arbeit ist ziemlich anstrengend. Ich bin jeden Tag froh, wenn ich mit der Arbeit fertig bin.
– Ja, ich bin Wechselschichtarbeiter. Das gefällt mir nicht, aber da kann man nichts machen.
– Rund 3000,– DM brutto.
– Ja.
– Ich bin natürlich gegen Rationalisierung, aber wenn ich deshalb bei VW einen anderen Arbeitsplatz bekommen würde, hätte ich noch zwei Jahre den gleichen Lohn.
– Doch, aber ich will das nicht. Wenn ich Vorarbeiter wäre, dann könnte ich nicht mehr im Betriebsrat sein.

1. **a)** unattraktiv — attraktiv (häßlich) **f)** unfreundlich — freundlich **g)** unpünktlich — pünktlich **b)** unfreundlich — nett **h)** dumm — intelligent (klug) **c)** langweilig — interessant **d)** unhöflich (unfreundlich) — höflich **i)** unzufrieden — zufrieden **e)** unsympathisch — sympathisch **j)** nervös — ruhig

2. **a)** duschen **b)** hängt **c)** ausmachen **d)** Mach...an **e)** wecken **f)** Ruf...an **g)** entschuldigen...vergessen **h)** telefoniert **i)** reden **j)** erzählt

3. **a)** den Apparat, den Recorder, den Film,... **b)** den Apparat, den Recorder, den Film **c)** bei Jens, im Betrieb, bei meinem Bruder,... **d)** bei Jens, bei meinem Bruder,... **e)** die Politik, den Film,... **f)** mit der Firma Berg, mit Frau Ander, bei Jens, im Betrieb, bei meinem Bruder,... **g)** über Klaus, bei Jens, mit Frau Ander, im Betrieb, über die Krankheit, über die Gewerkschaft, bei meinem Bruder,... **h)** von meiner Schwester, vom Urlaub, mit Frau Ander, im Betrieb, über Klaus, über die Krankheit, über die Gewerkschaft, von den Kindern,...

4. **b)** Du hilfst mir nie, die Wohnung aufzuräumen.   **c)** Hast du nicht gelernt, pünktlich zu sein?   **d)** Hast du vergessen, Gaby einzuladen?   **e)** Morgen fange ich an, Französisch zu lernen.   **f)** Jochen hatte letzte Woche keine Lust, mit mir ins Kino zu gehen.   **g)** Meine Kollegin hatte gestern keine Zeit, mir zu helfen.   **h)** Mein Bruder hat versucht, mein Auto zu reparieren, aber es hat leider nicht geklappt.   **i)** Die Werkstatt hat vergessen, den Wagen zu waschen.

	Inversions-signal	Subjekt	Verb	Subjekt	unbet. obl. Ergänzung	Angabe	obligatorische Ergänzung	Verb
a	Leider		hatte	ich			keine Zeit,	
					dich			anzurufen.
b		Du	hilfst		mir	nie,		
							die Wohnung	aufzuräumen.
c			Hast	du		nicht		gelernt,
							pünktlich	zu sein?
d			Hast	du				vergessen,
							Gaby	einzuladen?

5. **a)** A, C **b)** C **c)** B **d)** C **e)** A **f)** B

6. **b)** Ich habe gehört, daß Inge einen neuen Freund hat.   **c)** Peter hofft, daß seine Freundin bald heiraten will.   **d)** Ich habe mich darüber geärgert, daß du mich nicht zu deinem Geburtstag eingeladen hast.   **e)** Helga hat erzählt, daß sie eine neue Wohnung gefunden hat.   **f)** Ich bin überzeugt, daß es besser ist, wenn man jung heiratet.   **g)** Frank hat gesagt, daß er heute abend eine Kollegin besuchen will.   **h)** Ich meine, daß man viel mit seinen Kindern spielen soll.   **i)** Wir wissen, daß Peters Eltern oft Streit haben.

7. Beispiele: **b)** Ich glaube auch, daß es sehr viele schlechte Ehen gibt. Ich bin überzeugt, daß es auch sehr viele gute Ehen gibt. Ich denke nicht, daß es sehr viele schlechte Ehen gibt. ...   **c)** Ich bin überzeugt, daß man auch mit Kindern frei ist. Ich finde auch, daß man ohne Kinder freier ist. ...
d) Ich glaube nicht, daß die meisten Männer nicht gern heiraten. Ich meine auch, daß die meisten Männer nicht gern heiraten. ...

Schlüssel

e) Ich denke auch, daß die Liebe das Wichtrigste im Leben ist. Ich glaube aber, daß die Liebe nicht das Wichtigste ist. . . .
f) Ich glaube nicht, daß reiche Männer immer interessant sind. . . .
g) Ich meine, daß schöne Frauen nicht dümmer sind als häßliche. . . .
h) Ich bin überzeugt, daß die meisten Frauen keine harten Männer mögen. . . .
i) Ich finde aber, daß man heiraten sollte, wenn man Kinder will.

8. a) nach der   **b)** während der, in der   **c)** während der, bei den   **d)** nach der   **e)** nach dem   **f)** in der, während der   **g)** bei der, während der   **h)** nach dem   **i)** in der,, während der

der Besuch	die Arbeit	das Abendessen	die Sendungen
während dem Besuch	während der Arbeit	während dem Abend-essen	während der Sendungen
während des Besuchs	während der Arbeit	während des Abend-essens	während der Sendungen
beim Besuch	bei der Arbeit	beim Abendessen	bei den Sendungen
nach dem Besuch	nach der Arbeit	nach dem Abendessen	nach den Sendungen

der erste Monat	die letzte Woche	das nächste Jahr	die ersten Jahre
im ersten Monat	in der letzten Woche	im nächsten Jahr	in den ersten Jahren

9. a) B   **b)** A, B   **c)** A   **d)** C   **e)** B   **f)** A   **g)** A, C   **h)** B, C

10. Mutter, Vater, Bruder, Tochter, Sohn, Großmutter, Großvater, Eltern, Verwandte, . . .

11. a) verschieden   **b)** Sorgen   **c)** Wunsch   **d)** deutlich   **e)** damals   **f)** aufpassen   **g)** anziehen, ausziehen   **h)** Besuch, allein   **i)** früh, schließlich, hart   **j)** unbedingt

12. a) Marias Jugendzeit war sehr hart. Eigentlich hatte sie nie richtige Eltern. Als sie zwei Jahre alt war, ist ihr Vater gestorben. Ihre Mutter hat ihren Mann nie vergessen und hat mehr an ihn als an ihre Tochter gedacht. Maria war deshalb sehr oft allein, aber das konnte sie mit zwei Jahren natürlich noch nicht verstehen. Ihre Mutter ist gestorben, als sie vierzehn Jahre alt war. Maria hat dann bei ihrem Großvater gelebt. Mit 17 Jahren hat sie geheiratet, das war damals normal. Ihr erstes Kind, Adele, hat sie bekommen, als sie 19 war. Mit 30 hatte sie schließlich sechs Kinder.
b) Adele hat als Kind in einem gut-bürgerlichen Elternhaus gelebt. Wirtschaftliche Sorgen hat die Familie nicht gekannt. Nicht die Eltern, sondern ein Kindermädchen hat die Kinder erzogen. Sie hatte auch einen Privatlehrer. Mit ihren Eltern konnte sich Adele nie richtig unterhalten, sie waren ihr immer etwas fremd. Was sie gesagt haben, mußten die Kinder unbedingt tun. Wenn z. B. die Mutter nachmittags geschlafen hat, durften die Kinder nicht laut sein und spielen. Manchmal hat es auch Ohrfeigen gegeben. Als sie 15 Jahre alt war, ist Adele in eine Mädchenschule gekommen. Dort ist sie bis zur Mittleren Reife geblieben. Dann hat sie Kinderschwester gelernt. Aber eigentlich hat sie es nicht so wichtig gefunden, einen Beruf zu lernen, denn sie wollte auf jeden Fall lieber heiraten und eine Familie haben. Auf Kinder hat sie sich besonders gefreut. Die wollte sie dann aber freier erziehen, als sie selbst erzogen worden war; denn an ihre eigene Kindheit hat sie schon damals nicht so gern zurückgedacht.
c) Ingeborg hatte ein wärmeres und freundlicheres Elternhaus als ihre Mutter Adele. Auch in den Kriegsjahren hat sich Ingeborg bei ihren Eltern sehr sicher gefühlt. Aber trotzdem, auch für sie war das Wort der Eltern Gesetz. Wenn z. B. Besuch im Haus war, dann mußten die Kinder gewöhnlich in ihrem Zimmer bleiben und ganz ruhig sein. Am Tisch durften sie nur dann sprechen, wenn man sie gefragt hat. Die Eltern haben Ingeborg immer den Weg gezeigt. Selbst hat sie nie Wünsche gehabt. Auch in ihrer Ehe war das so. Heute kritisiert sie das.
d) Ulrike wollte schon früh anders leben als ihre Eltern. Für sie war es nicht mehr normal, immer nur das zu tun, was die Eltern gesagt haben. Noch während der Schulzeit ist sie deshalb zu Hause ausgezogen. Ihre Eltern konnten das am Anfang nur schwer verstehen. Mit 17 Jahren hat sie ein Kind bekommen. Das haben alle viel zu früh gefunden. Den Mann wollte sie nicht heiraten. Trotzdem ist sie mit dem Kind nicht allein geblieben. Ihre Mutter, aber auch ihre Großmutter haben ihr geholfen.

13. b) Die Mutter meines zweiten Mannes ist sehr nett.   **c)** Die Schwester meiner neuen Freundin hat geheiratet.   **d)** Der Freund meines jüngsten Kindes ist leider sehr laut.   **e)** Die vier Kinder meiner neuen Freunde gehen schon zur Schule.   **f)** Der Verkauf des alten Wagens war sehr schwierig.   **g)** Die Mutter des kleinen Kindes ist vor zwei Jahren gestorben.   **h)** Der Chef der neuen Autowerkstatt in der Hauptstraße ist mein Freund.   **i)** Die Reparatur der schwarzen Schuhe hat sehr lange gedauert.

Nominativ	der zweite Mann	die neue Freundin	das jüngste Kind	die neuen Freunde
Genitiv	die Mutter meines zweiten Mannes	die Schwester meiner neuen Freundin	der Freund meines jüngsten Kindes	die Kinder meiner neuen Freunde
Nominativ	der alte Wagen	die neue Werkstatt	das kleine Kind	die schwarzen Schuhe
Genitiv	der Verkauf des alten Wagens	der Chef der neuen Werkstatt	die Mutter des kleinen Kindes	die Reparatur der schwarzen Schuhe

14. b) Als ich sieben Jahre alt war, hat mir mein Vater einen Hund geschenkt.   **c)** Als meine Schwester vor fünf Jahren ein Kind bekommen hat, war sie lange Zeit krank.   **d)** Als Sandra die Erwachsenen gestört hat, durfte sie trotzdem im Zimmer bleiben.   **e)** Als er noch ein Kind war, hatten seine Eltern oft Streit.   **f)** Als meine Großeltern noch gelebt haben, war es abends nicht so langweilig.   **g)** Als wir im Sommer in Spanien waren, war das Wetter sehr schön.

15. Als er . . . Jahre alt war, hat er immer nur Unsinn gemacht. Als er . . . Jahre alt war, hat er sich ein Fahrrad gewünscht. Als er . . . Jahre alt war, ist er vom Fahrrad gefallen. Als er . . . Jahre alt war, hat er sich nicht gern gewaschen. Als er . . . Jahre alt war, hat er schwimmen gelernt. Als er . . . Jahre alt war, hat er Briefmarken gesammelt. Als er . . . Jahre alt war, hat er jeden Tag drei Stunden telefoniert. Als er . . . Jahre alt war, hat er viel gelesen. Als er . . . Jahre alt war, hat er geheiratet. Als er . . . Jahre alt war, hat er sich sehr für Politik interessiert.

16. a) B   **b)** C   **c)** C   **d)** A

---

1. feucht, trocken, heiß, warm, kühl, kalt, . . .

2. b) feucht, kühl   **c)** trocken, warm, heiß   **d)** naß, feucht   **e)** kalt   **f)** stark, kalt, kühl, (warm)

3. Landschaft/Natur: Park, Tiere, Wasser, Blume, See, Strand, Pflanze, Meer, Fluß, Boden, Baum, Berg. **Wetter:** Eis, Nebel, Wolke, Sonne, Klima, Gewitter, Wind, Schnee, Regen, Grad

4.

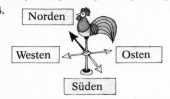

5. a) Sommer   **b)** Herbst   **c)** Winter   **d)** Frühling

6. a) vor zwei Tagen   **b)** spät am Abend   **c)** am Mittag   **d)** in zwei Tagen   **e)** früh am Morgen   **f)** am Nachmittag

7. b) früh abends, gegen Abend   **c)** spät abends   **d)** am frühen Nachmittag   **e)** am späten Nachmittag   **f)** früh morgens   **g)** am frühen Vormittag   **h)** früh abends

8. b) Freitag mittag   **c)** Dienstag abend   **d)** Montag abend   **e)** Montag nachmittag   **f)** Samstag morgen

9. b) Das feuchte Wetter macht ihn krank. Es geht ihm nicht gut.   **c)** Petra kann ihre Schwester heute nicht besuchen. Vielleicht klappt es morgen./Vielleicht geht es morgen.   **d)** Wir können am Wochenende Ski fahren. In den Alpen gibt es Schnee.   **e)** Es regnet nicht mehr. Wir können jetzt schwimmen gehen.   **f)** Morgen nachmittag klappt es leider nicht./Morgen nachmittag geht es leider nicht. Da muß ich in die Schule gehen.   **g)** Geht es bis morgen?/Klappt es bis morgen? Ich brauche den Wagen unbedingt.   **h)** Meine Freundin kommt aus Bombay. Dort gibt es nie Schnee./Dort schneit es nie.

10. c) es   **d)** er   **e)** sie   **f)** es   **g)** es   **h)** sie   **i)** es   **j)** er   **k)** er   **l)** es   **m)** es   **n)** er

11. b) Liebe Mutter,
ich studiere jetzt seit acht Wochen in Bielefeld. Hier ist das Wetter so kalt und feucht, daß ich oft stark erkältet bin. Dann muß ich viele Medikamente nehmen. Deshalb fahre ich in den Semesterferien zwei Monate nach Spanien.
Viele Grüße
Deine Herminda

Schlüssel

c) Lieber Kurt,
ich bin jetzt Lehrer an einer Technikerschule in Bombay. Hier ist das Klima so feucht und heiß, daß ich oft Fieber bekomme. Dann kann ich nichts essen und nicht arbeiten. Deshalb möchte ich gerne wieder zu Hause arbeiten.   Viele Grüße
    Dein Benno

12. a) B **b)** B   **c)** C   **d)** B   **e)** A   **f)** A

13. ○ Was willst du denn jetzt machen?
    □ Das Auto waschen.
    ○ Warum das denn?
    □ Weil wir doch morgen meine Eltern besuchen. Da muß das Auto doch sauber sein.
    ○ Dann wasch es lieber später. Es regnet gleich.
    □ Das glaube ich nicht.
    ○ Doch, schau doch mal die schwarzen Wolken an.
    □ Trotzdem, ich wasche jetzt das Auto. Der Regen macht mir nichts.
    ○ Meinetwegen, wenn du unbedingt eine Erkältung bekommen willst.

14. Wann?: im Winter, bald, nachts, vorige Woche, damals, vorgestern, jetzt, früher, letzten Monat, am Abend, nächstes Jahr, früh morgens, heute, sofort, gegen Mittag, gleich, um acht Uhr, am Nachmittag, nachher, heute abend, diesen Monat, am frühen Nachmittag. **Wie oft?:** selten, nie, oft, immer, jeden Tag. **Wie lange?:** den ganzen Tag, ein paar Minuten, kurze Zeit, einige Jahre, wenige Monate, fünf Stunden.

15. der Monat: den ganzen Monat, letzten Monat, vorigen Monat, nächsten Monat, jeden Monat, diesen Monat
die Woche: die ganze Woche, letzte Woche, vorige Woche, nächste Woche, jede Woche, diese Woche
das Jahr: das ganze Jahr, letztes Jahr, voriges Jahr, nächstes Jahr, jedes Jahr, dieses Jahr

16. b) nächstes Jahr,   **c)** nächste Woche   **d)** letztes Jahr/voriges Jahr   **e)** letzten Monat/vorigen Monat
f) übermorgen

17. a) Ich möchte an einem See wohnen, der nicht sehr tief ist/den nur wenige Leute kennen/auf dem man segeln kann/in dem man gut schwimmen kann/dessen Wasser warm ist/in dem es viele Fische gibt/an dem es keine Hotels gibt/auf dem (an dem) es mittags immer Wind gibt.
b) Ich möchte auf einer Insel leben, die ganz allein im Meer liegt/die keinen Flughafen hat/auf der nur wenig Menschen wohnen/auf der es keine Industrie gibt/zu der man nur mit einem Schiff kommen kann/deren Strand weiß und warm ist/für die es noch keinen Namen gibt/auf der (über der) immer die Sonne scheint.
c) Ich möchte in einem Land leben, das schöne Landschaften hat/in dem das Klima trocken und warm ist/dessen Sprache ich gut verstehe/in dem die Luft noch sauber ist/in dem man keinen Regenschirm braucht/in dem sich alle Leute wohl fühlen/das man immer interessant findet/dessen Leute freundlich sind.
d) Ich möchte in Städten wohnen, die viele Parks haben/deren Straßen nicht so groß sind/die noch Straßenbahnen haben/durch die ein großer Fluß fließt/die viele Brücken haben/in denen man nachts ohne Angst spazierengehen kann/für die sich die Touristen nicht interessieren/in denen man sich frei fühlt.

	Invers.-Signal	Subjekt	Verb	Subj.	unb. obl. Erg.	Angabe	obligatorische Ergänzung	Verb
1		Ich der	möchte			nicht	an einem See sehr tief	wohnen, ist.
2	den	nur wenige Leute						kennen.
3	auf dem			man			segeln kann.	
4	in dem			man		gut		schwimmen kann.
5		dessen Wasser					warm	ist.
6	in dem			es			viele Fische	gibt.
7	an dem			es			keine Hotels	gibt.
8	auf dem			es		mittags immer	Wind	gibt.

18. ...aber...dann/da...trotzdem...denn...dann...und...also/deshalb...übrigens...zum Schluß...
deshalb/also...

19. a) A, C   **b)** A, B   **c)** C   **d)** B, C   **e)** B, C   **f)** A

7

1. a) Pflaster   **b)** Fahrplan   **c)** Schlüssel   **d)** Salz   **e)** Seife   **f)** Milch   **g)** Medikament   **h)** Krankenschein
i) Licht   **j)** Versicherung   **k)** Zimmer

2. a) das Gas, die Heizung, den Ofen, das Radio, den Motor, ...   **b)** den Schirm, das Hotelzimmer, das Auto,
■ den Koffer, das Hemd, das Haus, die Grenze, den Ofen, die Flasche Schnaps, die Tasche, das Telefonbuch,...   **c)** eine Versicherung, das Hotelzimmer, das Auto, den Koffer, das Haus, ...

3. abfahren, abholen, abnehmen, abschleppen, abschließen, ...; anfangen, ankommen, anmachen, annehmen,
■ anrufen, anschauen, ansehen, anziehen, ..; aufhören, aufmachen, aufnehmen, aufpassen, aufräumen, auf-
schreiben, aufstehen, ... ausbilden, ausgeben, ausmachen, auspacken, aussehen, auswählen ausziehen, ...;
einkaufen, einladen, einpacken, einschlafen, einstellen, ...; mitarbeiten, mitbringen, mitgehen, mitkommen,
mitnehmen, mitsingen, mitspielen, ...; vorschlagen, vorstellen, ...; zuhören, zumachen, zuschauen, ...

4. b) Ihre Eltern lassen sie nicht allein Urlaub machen.   **c)** Seine Frau läßt ihn nie kochen.   **d)** Seine Mutter
läßt ihn aufs Gymnasium gehen.   **e)** Dort läßt er seine Katze impfen.   **f)** Die Autowerkstatt läßt mich
warten.   **g)** Familie Behrens läßt sie mit dem Hund spielen.   **h)** Sie läßt sie in der Reinigung waschen.
i) Herbert läßt ihn nicht schlafen.   **j)** Er läßt seine Frau fahren.   **k)** Seine Eltern lassen ihn keinen Kaffee
trinken.   **l)** Er läßt es in der Werkstatt reparieren.

5. a) keinen, –, nicht, –, nichts   **b)** kein, –, nicht, –, –, eine, nicht   **c)** keinen, einen, nicht, nichts

6. b) Zum Kochen braucht man meistens Salz und Pfeffer.   **c)** Zum Skifahren braucht man Schnee.   **d)** Zum
Schreiben braucht man Papier und einen Kugelschreiber.   **e)** Zum Fotografieren braucht man einen Fotoapparat und einen Film.   **f)** Zum Tanken muß man zur Tankstelle fahren.   **g)** Zum Telefonieren muß man oft
ein Telefonbuch haben.   **h)** Zum Schlafen nimmt man am besten eine Wolldecke.   **i)** Zum Lesen sollte man
gutes Licht haben.   **j)** Zum Reparieren braucht man gutes Werkzeug.   **k)** Zum Wandern sollte man gute
Schuhe haben.

7.

	Inversionssi-gnal	Subjekt	Verb	Subjekt	unbetonte Ergänzung	Angabe	obligatorische Ergänzung	Verb
a)		Frau Meier	läßt		ihren Mann	heute		kochen.
b)		Sie	läßt			morgen	die Katze	impfen.
c)		Herr Meier	läßt				die Bremsen	prüfen.
d)	Seine Frau		läßt	er		nie	das Auto	fahren.
e)			Laß		mich	doch	die Fahrpläne	besorgen.
f)			Lassen	Sie	meinen Freund	bitte	Gitarre	spielen.

8. 1A, 2A, 3B, 4C, 5B, 6A, 7C, 8B, 9A, 10B

9. a) B   **b)** A   **c)** B   **d)** A   **e)** C   **f)** A

10. Zuerst geht Herr Schulz zum Rathaus. Dort läßt er die Pässe und die Kinderausweise verlängern. Dann läßt er
■ beim Tierarzt die Katze untersuchen. Später läßt er in der Autowerkstatt die Bremsen kontrollieren; die
ziehen nämlich nach links. Dann läßt er schnell im Fotogeschäft den Fotoapparat reparieren. Später hat er
noch Zeit, die Haare schneiden zu lassen. Zum Schluß fährt er zur Tankstelle und tankt. Das Öl und die
Reifen läßt er auch noch prüfen. Schließlich fährt er nach Hause. Seine Frau läßt er den Wagen nicht packen,
das tut er selbst. Dann ist er endlich fertig.

11. auswandern: Arbeitserlaubnis, Visum, Paß, Untersuchung, Krankenversicherung, Konsulat, Botschaft, Auskunft, beantragen, impfen, anmelden, ..

12. a) AUSLÄNDER   **b)** ÄMTERN   **c)** AUFENTHALTSERLAUBNIS   **d)** KRANKENSCHEIN   **e)** ÜBER-
SETZEN

13. ...als...wenn...wann...wann...wenn...als..wann...wann...wenn...

Schlüssel

14. b) Frau Meier weiß noch nicht, ob es in Mallorca guten Kaffee gibt.   **c)** Frau Mittler möchte gern wissen, wann die Läden in Norwegen zumachen.   **d)** Gerti fragt sich, wie lange die Diskotheken in der Schweiz auf sind.   **e)** Herr Klar weiß nicht, welche Sprache man in Andorra spricht.   **f)** Frau Schickedanz muß unbedingt wissen, ob man in Tunesien Alkohol kaufen kann.   **g)** Susanne überlegt, ob sie nach Spanien einen Pullover mitnehmen soll.   **h)** Herr Schuster weiß nicht, wieviel D-Mark 1000 italienische Lire sind.   **i)** Frau Möller fragt sich, wer sie am Bahnhof abholt.   **j)** Heiko möchte sehr gern wissen, ob es in Dänemark billigen Schnaps gibt.   **k)** Dr. Kaufmann überlegt, wo man ein günstiges Ferienhaus mieten kann.   **l)** Familie Aufderheide fragt sich, ob den Kindern wohl die Nordsee gefällt.   **m)** Herr Sutter überlegt, in welchem Land er die meisten Steuern sparen kann.   **n)** Frau Kuhlmann weiß noch nicht, wann ihr Zug abfährt.

	Inver- sionssi- gnal	Subjekt	Verb	Subjekt	unbeton- te Ergän- zung	Angabe	obligatori- sche Ergän- zung	Verb
a)	was	Herr Kurz	überlegt,	er				mitnehmen muß.
b)	ob	Frau Meier	weiß	es	nicht, in Mallorca		guten Kaffee	gibt.
g)	ob	Susanne	überlegt,	sie		nach Spa- nien	einen Pul- lover	mitnehmen soll.
i)	wer	Frau Möller	fragt	sie	sich,	am Bahnhof		abholt.

15. b) Weißt du nicht, daß Karla morgen Geburtstag hat?   **c)** Ich habe vergessen, ob morgen ein Feiertag ist.   **d)** Ich weiß nicht, ob man für die DDR ein Visum braucht.   **e)** Ich kann nicht verstehen, daß die Türken gern auf dem Teppich sitzen.   **f)** Möchtest du nicht auch wissen, ob man in Kanada viel Geld verdienen kann?   **g)** Ich habe gehört, daß die Deutschen sehr früh aufstehen.   **h)** Ich habe nicht gewußt, daß die Geschäfte in der Bundesrepublik um 18.30 Uhr zumachen.   **i)** Kein Mensch weiß, ob die Österreicher mehr Wein oder mehr Bier trinken.   **j)** Ich bin nicht sicher, ob man in der Schweiz auch Italienisch spricht.

16. c) . . . , um mehr Geld zu verdienen.   **d)** . . . , um später in Italien eine Autowerkstatt aufzumachen.   **e)** . . . , damit seine Kinder Fremdsprachen lernen.   **f)** . . . , damit seine Frau nicht mehr arbeiten muß.   **g)** . . . , um in seinem Beruf weiterzukommen.   **h)** . . . , damit seine Familie besser lebt.   **i)** . . . , um eine eigene Wohnung zu haben.

17.

	Subjekt	Verb	Subjekt	Angabe	obligatorische Ergän- zung	Verb
	Er	ist			in die Bundesrepublik	gekommen,
a) um				hier		zu arbeiten.
b) damit	seine Kinder				bessere Berufschancen	haben.
c) um					mehr Geld	zu verdienen.
d) um				später in Italien	eine Autowerkstatt	aufzumachen.
e) damit	seine Kinder				Fremdsprachen	lernen.
f) damit	seine Frau			nicht mehr		arbeiten muß.
g) um				in seinem Beruf		weiterzukommen.
h) damit	seine Familie			besser		lebt.
i) um					eine eigene Wohnung	zu haben.

18. . . . weil . . . – . . . zu . . . damit . . . – . . . zu . . . daß . . . um . . . zu . . . – . . . zu . . . bevor . . . damit . . . weil . . . – . . . zu . . . um . . . zu . . . – . . . zu . . . um . . . zu . . . bevor . . . daß

19. a) C **b)** B **c)** A **d)** C **e)** A **f)** C

20. Individuelle Lösung

Schlüssel

8

1. **Nachricht/wo?:** Radio, Fernsehen, Sendung . . ., **Nachricht/worüber?:** Krieg, Frieden, Vertrag, Wahl, Skandal, Unfall, Streik, Krise, Umweltproblem, Gesetz, Sport, Innenpolitik, . . .

2. **a)** in Stuttgart ist ein Bus gegen einen Zug gefahren. **b)** In Deggendorf ist ein Hund mit zwei Köpfen geboren. **c)** In Linz hat eine Hausfrau vor ihrer Tür eine Tasche mit einem Baby gefunden. **d)** In Basel hat es Verkehrsprobleme wegen Schnee gegeben. **e)** New York war ohne Licht/Strom. **f)** In Duisburg haben Arbeiter für die 35-Stunden-Woche demonstriert.

3.

Grenze	Heizung	Hochhaus	Post	Supermarkt	Verkehr
Beamter	Gas	Aufzug	Briefumschlag	Kasse	Bus
Paß	Öl	Wohnung	Päckchen	Lebensmittel	Straßenbahn
Zoll	Strom	Stock	Paket	Verkäufer	U-Bahn

4. **b)** Ich habe ein Päckchen mit einem Geschenk bekommen. **c)** Wir hatten gestern keinen Strom wegen des Gewitters/Wegen des Gewitters hatten wir gestern keinen Strom. **d)** Dieser Taschenrechner funktioniert ohne Batterie. **e)** Ich konnte gestern wegen des schlechten Wetters nicht zu dir kommen/Wegen des schlechten Wetters konnte ich gestern nicht zu dir kommen. **f)** Jeder in meiner Familie treibt Sport, außer mir/Außer mir treibt jeder in meiner Familie Sport. **g)** Der Arzt hat mein Bein wegen einer Verletzung operiert/Wegen einer Verletzung hat der Arzt mein Bein operiert. **h)** Ich bin gegen den Streik. **i)** Die Metallarbeiter haben für mehr Lohn demonstriert. **j)** Man kann nicht ohne Visum nach Australien fahren/Ohne Visum kann man nicht nach Australien fahren.

5.

	ein Streik	eine Reise	ein Haus	Probleme
für	einen Streik	eine Reise	ein Haus	Probleme
gegen	einen Streik	eine Reise	ein Haus	Probleme
mit	einem Streik	einer Reise	einem Haus	Problemen
ohne	einen Streik	eine Reise	ein Haus	Probleme
wegen	eines Streiks/einem Streik	einer Reise	eines Hauses/einem Haus	Probleme
außer	einem Streik	einer Reise	einem Haus	Problemen

6. **Politik:** Krieg, Frieden, Regierung, Partei, Minister, Parlament, Präsident, Meinung, Vertrag, Wahl, . . .

7. geben, anrufen, abschließen, besuchen, kennenlernen, vorschlagen, verlieren, beantragen, unterstreichen, finden, bekommen.

8. die Meinung, der Ärger, die Antwort, die Frage, der Besuch, das Essen, das Fernsehen/der Fernseher, die Operation, die Reparatur, der Regen, der Schnee, der Spaziergang, die Sprache, der Streik, die Unterschrift, die Untersuchung, die Verletzung, der Vorschlag, die Wäsche, die Wohnung, der Wunsch, die Demonstration.

9. **a)** über **b)** mit **c)** vor **d)** von **e)** gegen **f)** über, mit **g)** über **h)** mit **i)** zwischen **j)** für

10. **a)** A **b)** B **c)** C **d)** A **e)** B **f)** C **g)** B **h)** A **i)** A

11.

	a)	b)	c)	d)	e)	f)	g)	h)	i)	j)
wann?	X		X	X	X				X	
wie lange?		X				X	X	X		X

12.

	a)	b)	c)	d)	e)	f)	g)
dasselbe	X	X		X			X
nicht dasselbe			X		X	X	

13. 1968 1848 1917 1789 1830 1618 1939 1066 1492

9

1. **Alte Leute/Probleme:** allein sein, ins Altersheim kommen, unglücklich sein, Streit bekommen, nicht zuhören, sich nicht helfen können, stören, Gesundheit, . . .

2. **a)** sie – ihnen – sie – ihnen – ihnen – sie **b)** sie – sie – ihnen – ihnen– sie – ihnen – sie

3. sich – ihr – sich – sich – ihr – sie – ihr – sie – sich

Schlüssel

4. Familie Simmet wohnt seit vier Jahren mit der Mutter von Frau Simmet zusammen, weil ihr Vater gestorben
■ ist. Ihre Mutter kann sich überhaupt nicht mehr helfen: Sie kann sich nicht mehr anziehen und ausziehen,
Frau Simmet muß sie waschen und ihr das Essen bringen. Deshalb mußte sie vor zwei Jahren aufhören zu
arbeiten. Sie hat oft Streit mit ihrem Mann, weil er sich jeden Tag über ihre Mutter ärgert. Sie möchten sie
schon lange in ein Altersheim bringen, aber sie finden keinen Platz für sie. Frau Simmet glaubt, daß ihre Ehe
bald kaputt ist.

5. **b)** Gehört der Schlüssel ihr? **c)** Gehört das Paket euch? **d)** Gehört der Wagen ihnen? **e)** Gehört der
Ausweis ihm? **f)** Gehört die Tasche Ihnen? **g)** Das Geld gehört mir! **h)** Gehören die Bücher euch?
i) Gehören die Pakete Ihnen, Frau Simmet? **j)** Die Fotos gehören ihnen.

6. **a)** auf **b)** für **c)** von **d)** über **e)** über **f)** auf **g)** mit – über **h)** zu **i)** mit **j)** über **k)** für **l)** von

7. **b)** Wohin fahren Sie im Urlaub? **c)** Wogegen habt ihr demonstriert? **d)** Worauf freust du dich? **e)** Wonach hat er gefragt? **f)** Worüber möchten Sie sich beschweren? **g)** Worüber denken Sie oft nach?
h) Zwischen was können wir wählen? **i)** Woher kommen Sie? **j)** Wofür haben Sie Ihr ganzes Geld
ausgegeben? **k)** Wovon hat Karin euch erzählt? **l)** Worüber sind viele Rentner enttäuscht?

8. **a)** B **b)** A **c)** A **d)** A **e)** C **f)** C

9. **Alte Leute / schönes Leben:** gute Rente, viel Freizeit, Verein, Altenclub, Reisen, Freiheit, Besuch, Musik,
Enkelkinder, . . .

10. Hof, Fahrrad, Fernsehen, Bauer

11. Regal, Handwerker, Bleistift, Zettel, Werkzeug, Steckdose, Pflaster, Farbe, Seife, Bürste

12. **a)** – mir die **b)** ihn mir – **c)** sie Hans – **d)** – mir das **e)** sie mir – **f)** – mir die **g)** sie deiner Freundin –
h) – uns den **i)** es ihnen – **j)** sie meinem Lehrer –

13.

	Inver-sions-signal	Sub-jekt	Verb	Sub-jekt	Akk. (Pers.-Pron.)	Dativ (Nomen/ Pers.-Pron.)	Akkusativ (Nomen/ Definit-pro-nomen)	Angabe	obligato-rische Er-gänzung	Verb
						unbetonte oblig. Ergänz.				
a)			Können	Sie		mir		bitte	die Gram-matik	erklären?
b)			Können	Sie		mir	die Gram-matik	bitte ge-nauer		erklären?
c)			Können	Sie		mir	die	bitte		erklären?
d)			Können	Sie	sie	mir		bitte		erklären?
e)		Ich	habe			meinem Bruder		gestern	mein neues Auto	gezeigt.
f)			Holst	du		mir		bitte	die Seife?	
g)		Ich	suche			dir		gern	deine Brille.	
h)		Ich	bringe			dir	dein Werk-zeug	sofort.		
i)			Zeig			mir	das	doch mal!		
j)		Ich	zeige	es		dir		gleich.		
k)			Geben	Sie		mir	die Lampe	jetzt?		
l)			Holen	Sie	sie	sich		doch!		
m)	Dann		können	Sie		mir	das Geld	ja viel-leicht		schicken.
n)	Diesen Mantel		habe	ich		ihr		vorige Woche		gekauft.

14. **b)** Um 10 Uhr ist er einkaufen gegangen.   **c)** Um 11 Uhr hat er für höhere Renten demonstriert.   **d)** Um 12 Uhr hat er Frau Schibilsky in der Küche geholfen.   **e)** Nach dem Essen hat er eine Stunde geschlafen. **f)** Am Nachmittag hat er im Garten gearbeitet.   **g)** Dann hat er den Kindern bei den Schulaufgaben geholfen.   **h)** Dann hat er mit den Kindern Karten gespielt.   **i)** Um 18 Uhr hat er eine Steckdose repariert.   **j)** Um 19 Uhr hat er sich mit den Freunden von der Partei getroffen.   **k)** Um 21 Uhr hat er auf die Kinder aufgepaßt.   **l)** Um 23 Uhr hat er seinem Freund Karl einen Brief geschrieben.

15.

	a)	b)	c)	d)	e)	f)
dasselbe		X	X	X	X	
nicht dasselbe	X					X

16. **a)** B **b)** C **c)** B **d)** B **e)** C **f)** A **g)** A **h)** C **i)** A

17. **sich kennenlernen / wo?:** Tanzsalon, Verein, Büro, Urlaub, Diskothek, Deutschkurs, Altenclub, Altersheim, . .

18. **Leute, die man (gut) kennt / aus der Familie:** Eltern, Geschwister, Großeltern (Oma, Opa), . . **nicht aus der Familie:** Freunde, Bekannte, Kollegen, Gäste, Arzt, Bäcker, . .

19. **a)** erzählt **b)** Sprichst **c)** erzählt **d)** unterhalten **e)** Sag (erzähl) **f)** redest (sprichst) **g)** gesagt **h)** sprechen (reden) **i)** unterhalten **j)** reden (sprechen)

20. **a)** stehen **b)** setzen **c)** liegt **d)** sitze **e)** liegt **f)** steht **g)** stehen **h)** gesetzt **i)** gesessen **j)** liegt

21. **b)** Wir lieben uns. **c)** Sie besuchen sich. **d)** Wir helfen uns **e)** Wir hören uns. **f)** Wir sehen uns morgen. **g)** Sie können sich gut leiden. **h)** Sie haben sich Briefe geschrieben. **i)** Ihr braucht euch. **j)** Sie wünschen sich ein Auto.

22. **b)** Bevor er geheiratet hat, kannte er viele Mädchen.   **c)** Wenn ich gegessen habe, trinke ich gern einen Schnaps.   **d)** Weil ich dich liebe, schreibe ich dir jede Woche einen Brief   **e)** Als ich nach Spanien gefahren bin, habe ich ein tolles Mädchen kennengelernt.   **f)** Es dauert noch ein bißchen, bis der Film anfängt. **g)** Wenn es schneit, ist die Welt ganz weiß.   **h)** Als (nachdem) er gestorben ist, haben alle geweint. **i)** Während die Kollegen gestreikt haben, habe ich gearbeitet.

1. **a)** Pullover **b)** Anzug **c)** Mantel **d)** Jacke **e)** Bluse **f)** Rock **g)** Schirm **h)** Strümpfe **i)** Brille **j)** Kleid **k)** Tasche **l)** Hemd **m)** Schuhe **n)** Hose (Jeans) **o)** Uhr

2. **a)** dick **b)** arm **c)** gefährlich **d)** schmutzig **e)** sparsame **f)** pünktlich **g)** ruhiger **h)** nervös **i)** müde **j)** traurig **k)** vorsichtige **l)** bescheiden

3. **a)** . . ., ob seine Verletzungen gefährlich sind **b)** . . ., wie lange er im Krankenhaus bleiben muß **c)** . . ., wo der Unfall passiert ist. **d)** . . ., ob noch jemand im Auto war. **e)** . . ., wohin er fahren wollte. **f)** . . ., ob der Wagen ganz kaputt ist. **g)** . . ., ob man ihn schon besuchen kann. **h)** . . ., ob sie die Reparatur des Wagens bezahlt.

4. **b)** . . ., obwohl der Wagen erst letzte Woche in der Werkstatt war. **c)** . . ., denn der braucht weniger Benzin. **d)** . . ., weil ich morgen keine Zeit habe. **e)** . . ., bevor du zur Arbeit gehst? **f)** . . ., daß die Reparatur so wenig gekostet hat. **g)** . . ., aber für eine große Familie sind sie zu klein. **h)** . . ., deshalb kann ich vor einer Autofahrt keinen Alkohol mehr trinken.

5. **b)** Bevor Maria bei ihrem Großvater gewohnt hat, hat sie mit ihrer Mutter alleine gelebt.   **c)** Als Maria gerade zwei Jahre alt war, ist ihr Vater gestorben.   **d)** Während Adeles Mutter nachmittags geschlafen hat, durften die Kinder nicht spielen.   **e)** Während (Als) Ulrike noch zur Schule gegangen ist, ist sie schon von zu Hause ausgezogen.

6. Beispiel:
Um 6.45 Uhr hat der Wecker geklingelt, aber Petra ist noch zehn Minuten im Bett geblieben. Dann ist sie aufgestanden, hat ihre Haare gewaschen und hat sich gewogen. Danach hat sie Kaffee getrunken. Dann hat sie das Auto aus der Garage geholt und eine Kollegin abgeholt. Dann mußte sie noch tanken. Danach ist sie zum Büro gefahren. Sie hat gehofft, schnell einen Parkplatz zu finden, aber sie mußte fünfzehn Minuten suchen. Um 8.35 Uhr hat ihre Arbeit angefangen. Zuerst hat sie vier Briefe geschrieben und dann zwei Briefe aus Spanien übersetzt. Danach ist die Schreibmaschine kaputt gegangen. Sie konnte sie nicht selbst reparieren. Deshalb hat sie früher aufgehört und ist nach Hause gefahren. Zu Hause hat sie eine Suppe gekocht und

Schlüssel

gegessen. Später hat sie zwei Stunden ferngesehen und fünf Zigaretten geraucht. Dann hat sie im Bett noch gelesen und ist um 23.30 Uhr eingeschlafen.

7. **a)** Flasche, Päckchen, Brief, Koffer, Paket, Tür, Kühlschrank, Dose   **b)** Heizung, Radio, Licht, Apparat, Kühlschrank   **c)** Sprache, Beruf, Deutsch   **d)** Päckchen, Koffer, Paket   **e)** Heizung, Radio, Apparat, Kühlschrank, Fahrrad   **f)** Brot, Gemüse, Film, Kuchen, Fleisch   **g)** Sprache, Buch, Leute, Frage, Brief, Antwort, Deutsch, Film   **h)** Stelle, Schule, Universität, Beruf, Platz, Kleidung, Geld

8. **a)** über ihren Hund, über die Regierung, über den Sportverein   **b)** mit dem Frühstück, mit der Schule, mit der Untersuchung, mit der Arbeit   **c)** um eine Zigarette, um die Adresse, um eine Antwort, um Feuer, um Auskunft   **d)** für den Brief, für die Verspätung, für die schlechte Qualität, für meine Tochter   **e)** vom Urlaub, von seinem Bruder, von ihrem Unfall, über ihren Hund, über die Regierung, von seiner Krankheit, über den Sportverein   **f)** auf das Wochenende, auf eine bessere Regierung, auf den Urlaub, auf besseres Wetter, über ihren Hund, über die Regierung, auf Sonne, auf das Essen, über den Sportverein, auf den Sommer   **g)** auf das Wochenende, auf eine bessere Regierung, auf den Urlaub, auf besseres Wetter, auf das Essen, auf Sonne, auf den Sommer   **h)** auf den Urlaub, für ein Haus, für eine Schiffsreise, für meine Tochter

9. **b)** Ich verspreche dir, daß wir im nächsten Sommer wieder in die Türkei fahren. (. . ., wieder mit dir in die Türkei zu fahren.)   **c)** Es hat doch keinen Zweck, bei diesem Wetter das Auto zu waschen. (. . ., daß du bei diesem Wetter das Auto wäscht.)   **d)** Hilfst du mit, meinen Regenschirm zu suchen?   **e)** Es hat aufgehört zu schneien.   **f)** Hast du vergessen, daß du mit uns Fußball spielen wolltest? (. . ., mit uns Fußball zu spielen?)   **g)** Ich habe keine Lust, bei diesem Nebel Fahrrad zu fahren.   **h)** Heute habe ich keine Zeit, schwimmen zu gehen.   **i)** Ich finde, daß wir mal wieder essen gehen sollten.

10. **b)** . . ., um morgens länger schlafen zu können. . . ., damit ich morgens länger schlafen kann.   **c)** . . ., damit meine Kinder mich dann öfter sehen.   **d)** . . ., damit meine Frau dann wieder arbeiten kann.   **e)** . . ., um dann ruhiger leben zu können. . . ., damit ich dann ruhiger leben kann.   **f)** . . ., um meine Freunde dann öfter treffen zu können. . . ., damit ich meine Freunde dann öfter treffen kann.   **g)** . . ., damit meine Frau und ich dann öfter zusammen sind.   **h)** . . ., um dann öfter im Garten arbeiten zu können. . . ., damit ich öfter im Garten arbeiten kann.

11. **a)** Er könnte dir doch im Haushalt helfen.   **b)** Ich würde ihm keinen Kuchen mehr backen.   **c)** Ich würde mir wieder ein Auto kaufen.   **d)** Er müßte sich eine neue Stelle suchen.   **e)** Er sollte sich neue Freunde suchen.   **f)** Du solltest dich nicht mehr über ihn ärgern. Ich würde mich nicht mehr über ihn ärgern.   **g)** Er könnte doch morgens spazierengehen.   **h)** Du solltest ihm mal deine Meinung sagen. Ich würde ihm mal meine Meinung sagen.   **i)** Er sollte selbst einkaufen gehen.   **j)** Du solltest mal mit ihm über euer Problem sprechen. Ich würde mal mit ihm über euer Problem sprechen.

12. **a)** gelb   **b)** breit   **c)** schwierig   **d)** schlank   **e)** heiß   **f)** niedrig   **g)** scharf   **h)** preiswert   **i)** falsch   **j)** froh   **k)** feucht   **l)** verwandt   **m)** sympathisch   **n)** jung

13. **a) Verkehr:** Unfall, Panne, Führerschein, Fahrplan, Kilometer   **b) Zeit:** Monat, Uhr, Tag, Datum, Stunde, (Fahrplan)   **c) Politik:** Wahl, Partei, Gewerkschaft, Regierung, Krieg   **d) Wetter:** Nebel, Schnee, Sonne, Gewitter, Regen   **e) Post:** Briefumschlag, Päckchen, Briefmarke, Paket, Telegramm   **f) Tiere:** Hund, Katze, Schwein, Vogel, Fisch   **g) Natur:** Baum, Wald, Pflanze, Meer, Blume   **h) Familie:** Schwester, Eltern, Kinder, Verwandte, Bruder   **i) Schule:** Lehrer, Zeugnis, Unterricht, Prüfung, Klasse   **j) Betrieb:** Kollege, Angestellter, Betriebsrat, Arbeiter, Abteilung, (Industrie), (Maschine), (Gewerkschaft), (Werkstatt)   **k) Technik:** Industrie, Maschine, Elektromotor, Apparat, Werkstatt   **l) Geld:** Rechnung, Versicherung, Steuer, Bank, Konto

14. **a)** die   **b)** in dem   **c)** von dem   **d)** den   **e)** von dem   **f)** mit denen   **g)** auf deren   **h)** dessen   **i)** in der   **j)** deren   **k)** die

15. **a)** durch   **b)** auf   **c)** bei   **d)** von . . . nach . . . unter   **e)** zwischen   **f)** bis   **g)** über . . . nach   **h)** gegen (in)   **i)** aus . . . in   **j)** von . . . bis   **k)** unter . . . über   **l)** zwischen   **m)** nach   **n)** seit   **o)** in   **p)** mit   **q)** bis   **r)** während (in)

16. **a)** abschließen   **b)** anziehen   **c)** einladen (anrufen)   **d)** hören   **e)** entlassen   **f)** kündigen   **g)** anmelden   **h)** gewinnen   **i)** anrufen   **j)** beantragen   **k)** erklären   **l)** bauen   **m)** waschen   **n)** kennenlernen (besuchen, einladen)   **o)** besuchen

17. bekanntes . . . freundlichen . . . interessanten . . . netten . . . guten . . . jungen . . . ausgezeichneten . . . gute . . . sichere . . . moderne . . . neuen . . . kurze

Quellennachweis der Texte, Illustrationen und Fotos

Seite 7: ‚Robert Redford' und ‚Bud Spencer': Archiv Dr. Karkosch, Gilching

Seite 8: ‚Klaus Kinski': Interfoto, München – ‚Mick Jagger': Fotografenteam jürgen & thomas, München

Seite 17: Illustration: JASMIN/Rainer Wendlinger – Text: JASMIN

Seite 18: FREUNDIN 20/81; Zeichnung: Ulrich Lichthardt, München

Seite 19: Fotos: Heinrich Bauer Verlag, Hamburg

Seite 20: Pollitz Werbung, Hamburg

Seite 30: Foto: Bilderdienst Süddeutscher Verlag, München

Seite 31: ELTERN/Kessler

Seite 41: GEZ Köln

Seiten 42/43: THORN EMI, Köln – VPS, München

Seite 55: IG Metall

Seite 56: Foto links: W. Bönzli, Reichertshausen – Foto rechts: Bilderdienst Süddeutscher Verlag, München

Seite 57: Foto links: Bilderdienst Süddeutscher Verlag, München – Foto rechts: W. Bönzli, Reichertshausen

Seite 65: Foto: W. Bönzli, Reichertshausen

Seite 66/67: ELTERN/Claus Oliv

Seite 75: Bilderdienst Süddeutscher Verlag, München

Seite 77: BRIGITTE

Seite 86: Aus: Irmgard Ackermann (Hg.): In zwei Sprachen leben, dtv 980, München 1983. Mit freundlicher Genehmigung der Autoren.

Seite 88: S wie Schule – 4/82 Dez., 6. Jahrgang; Herausgeber: Der Kultusminister des Landes Nordrhein-Westfalen

Seite 94: Foto Grenzübergang: Bilderdienst Süddeutscher Verlag, München – Foto Reisepaß: laif, Köln

Seite 96: Foto dpa

Seite 97: Karikatur STERN/Markus

Seiten 108/109: STERN – Fotos: Michael Lange/VISUM

Seite 110: Frankfurter Rundschau, 22. 7. 72; mit freundlicher Genehmigung des Autors

Seite 119: Siegfried Unseld (Hg.), Erste Lese-Erlebnisse, Suhrkamp TB 250, Frankfurt/Main 1975

Seite 122: Börsenblatt für den deutschen Buchhandel vom 29. 3. 83/W. Christian Schmitt, Darmstadt

Seite 123: Börsenverein des Deutschen Buchhandels e. V., Frankfurt/Main